Williams and Norgate's Sch...

Fleury's Histoire de France, racontée à la Jeunesse, edited for the use of English Pupils, with Grammatical Notes, by Beljame. 3rd Edition. 12mo. cloth boards 3s 6d

Mandrou (A.) French Poetry for English Schools. 2nd Edition. 12mo. cloth 2s

German.

Weisse's Complete Practical Grammar of the German Language, with Exercises in Conversations, Letters, &c. 4th Edition. 12mo. cloth 6s

—— **New Conversational Exercises** in German Composition, 2nd Edition. 12mo. cloth (Key, 5s) 3s 6d

Schlutter's German Class Book. A Course of Instruction based on Becker's System, and so arranged as to exhibit the Self-development of the Language, and its Affinities with the English. By Fr. Schlutter, Royal Military Academy, Woolwich. 4th Edition. 12mo. cloth (Key 5s) 5s

Möller (A.) A German Reading Book. A Companion to Schlutter's German Class Book. With a complete Vocabulary. 150 pp. 12mo. cloth 2s

Ravensberg (A. v.) Practical Grammar of the German Language. Conversational Exercises, Dialogues and Idiomatic Expressions. Third Edition. 12mo. cloth (Key, 2s) 5s

—— **Rose's English into German.** A Selection of Anecdotes, Stories, &c., with copious Notes. 2nd Edition. Cloth (Key, 5s) 4s 6d

—— **German Reader**, Prose and Poetry, with copious Notes for Beginners. 2nd Edition. Crown 8vo. cloth 3s

Sonnenschein and Stallybrass. First German Reading Book. Easy Poems with interlinear Translations, Notes, etc. 4th Edition. 12mo. cloth 4s 6d

Ahn's German Method by Rose. A New Edition of the genuine Book, with a Supplement consisting of Models of Conjugations, a Table of all Regular Dissonant and Irregular Verbs, Rules on the Prepositions, &c. &c. By A. V. Rose. 2 Courses in 1 vol. Cloth 3s 6d

—— **German Method by Rose**, &c. First Course. Cloth 2s

Apel's Short and Practical German Grammar for Beginners, with copious Examples and Exercises. 2nd Edition. 12mo. cloth 2s 6d

For Continuation see the end of the Volume.

THE DANISH SPEAKER.

PRONUNCIATION OF THE DANISH LANGUAGE, VOCABULARY, DIALOGUES AND IDIOMS,

FOR

THE USE OF STUDENTS, AND TRAVELLERS

IN

DENMARK AND NORWAY.

BY

Mrs MARIA BOJESEN.

WILLIAMS AND NORGATE,
14, HENRIETTA-STREET, COVENT GARDEN, LONDON,
AND 20, SOUTH FREDERICK STREET, EDINBURGH.

1865.

COPENHAGEN.

BIANCO LUNO, PRINTER, 20 ÖSTERGADE.

TABLE OF CONTENTS.

	Page
Rules for the pronunciation of each letter.	3.
Reading exercises	7.

Vocabulary.

	Page
The Universe and the Earth	27.
Of the sea and navigation	29.
The army and ammunition	32.
Time and its division	34.
Man and his relations	36.
The human body	38.
The senses, mental faculties and qualities	41.
Maladies and infirmities	44.
Quadrupeds	46.
Birds	48.
Fishes	50.
Reptiles and insects	51.
The different sounds of animals	52.
Metals, precious stones and animals	53.
Vegetables, trees and flowers	54.
Of the town and what belongs to it	58.
Of the country and the objects met with there	60.
Field-spots and fishing	62.
Gentlemen's dress	64.
Female dress	65.
Literary and professional men, and professors of the fine arts	67.
Tradesmen and men of business	68.

	Page
A house, its furniture and utensils	71.
Of travelling, carriages etc.	75.
Games and recreations	76.
Of music	78.
Painting & writing implements.	78.
A list of the most important geographical names of Denmark, as they are written in Danish and in English	80.

Dialogues.

Paying a visit	81.
Going abroad	84.
On board a steamer	91.
On the railway	91.
In the hôtel	99.

Proverbial Dialogues .... 155.

The two most important things for tourists who intend to visit foreign countries, is to understand the system of money and to know the language of the country to be visited. The Danish system of money is readily understood; a knowledge of the language is more difficult to acquire. The following is intended to aid the student in the right pronunciation of Danish and the use of familiar expressions.

The alphabet consists of 27 letters, whose sounds it is difficult, in some cases impossible, to describe exactly. As the language is written and printed both in German and Roman characters, both are adopted in the subjoined list:

Roman.	German.		Pronunciation.	
A a	or 𝔄 a	sounds	as a in the English word	*marble*
B b	- 𝔅 b		as b — — —	*boy*
C c	- ℭ c		as c — — —	*cease*
D d	- 𝔇 d		as d — — —	*day*
E e	- 𝔈 e	nearly	as *i* — — —	*will*
F f	- 𝔉 f		as f — — —	*fair*
G g	- 𝔊 g		as g — — —	*guard*
H h	- ℌ h		as h — — —	*house*
I i	- ℑ i		as e — — —	*me*
J j	- ℑ j		as y — — —	*you*
K k	- 𝔎 k		as k — — —	*king*
L l	- 𝔏 l		as l — — —	*law*
M m	- 𝔐 m		as m — — —	*mild*
N n	- 𝔑 n		as n — — —	*not*

1

Roman.	German.	Pronunciation.	
O o or	O o	as o in the English word	no
P p —	P p	as p - — — —	pen
Q q —	Q q	as q - — — —	queen
R r —	R r	as r - — — —	warm
S s ſ —	S s ſ	as s - — — —	snow
T t —	T t	as t - — — —	tree
U u —	U u	as u - — — —	cruel
V v —	V v	as v - — — —	vine
X x —	X x	as x - — — —	flax
Y y —	Y y	as the French *u* accentuated:	une
Z z —	Z z	as z in the English word	zone
Æ æ —	Æ œ	as a — — —	name
Ø ø —	Ø ø	almost as i in *Sir* or the French eu in	heure
Aa aa —	Aa aa	almost as a	ball

§ 1 To facilitate the study of the Danish language, this rule may be well attended to for the pronunciation, that the vowels *generally* are *accentuated* or long, when they end or form a syllable, and *open* or *short* before one or two consonants, especially before *ld*, *ly*, *nd*, *ng*. Before the four soft consonants *b*, *d*, *g*, *v* they mostly are accentuated and never doubled, as:

Fáder, Gréve, Píne, Móder, Úge, Lýde, Ǽre,
father, Count, pain, mother, week, vice, honour,

Ǿ, Náade.
island, grace.

and:

Vand, Seng, Vink, Bord, Stund, Ynk, Bænk,
water, bed, hint, table, while, pity, bank,

Brønd, Vaar, Skĭb, Brød, Krŏg, Lĭv.
well, spring, ship, bread, corner, life.

Chapter 1.

Rules for the pronunciation of each letter.
The Vowels.
A
is generally between two consonants pronounced as the English a in *arm* as: *mat,* weak; *lang,* long; in ending a syllable it sounds almost as *aw,* but clearer and accentuated: *Håve,* garden; *Nabo,* neighbour.

E
almost like the first *e* in the English word letter, as: *Dreng,* boy; *herske,* to govern; it is accentuated when it ends a syllable or forms one, as: *lēve,* to live; *Brĕve,* letters. At the end of words it has a shorter sound, as: *Silke,* silk; *dette,* this.

Eg is pronounced as the English pronoun *I* when both letters belong to *one* syllable, as: *jeg,* I; *Omegn,* environs; but else *e* and *g* have their original sounds, as: *e-gen,* own. *Egne* is therefore pronounced *Ina* (Engl. sounds) when the word is plur. of the noun Subst. *Egn,* country, environs, but *Agna,* (Engl. sounds) when it is the pl. of *egen,* own. Two *es* in a syllable lengthen the vowel, as: *reen,* clean.

I
retains its own sound as the English *e* in *me,* as: *min,* mine; *vilde,* would; it is accentuated before the soft consonants, as: *rig,* rich; *Strid,* quarrel, and ending or forming a syllable: *Sti,* path; *igaar,* yesterday. Before two consonants it sounds as *i* in ring, as: *Vind,* wind; *blind,* blind.

O
has two principal sounds; its own as in the alphabet, when it forms or ends the syllable, as: *Noget,* something; *overbevise,* persuade, and in some words ending in *nd, rd, rt* or *st,* as: *Ord,* word; *Port,* gate; *ond,* bad; *Ost,* cheese; and an open sound

before two or more consonants like o in the Engl. word *not*, as: *Kort,* cards; *Sorg,* grief. But the more or less open sound of *o* scarcely can be learned but by the ear.

U

also retains its own sound as the English *oo* accentuated, when it finishes or forms a syllable, as: *nu,* now; *Ufred,* discord; before one or two consonants it is more open; as: *Grund,* ground; *slukke,* to extinguish.

Y

is pronounced as the French *u* accentuated: *nyde,* to enjoy; *By,* town; but before two or more consonants almost like ø: *ynde,* to like; *ynkværdig,* to be pitied.

Æ

has the sound of the Engl. a in name (accentuated) as: *Ære,* honour; *Mænd,* men.

Ø and Ö

are very often confounded, even by authors, but it is of importance to the pronunciation to distinguish them and not confound them in writing. The first is closed and sounds almost as *i* in *Sir: at døe,* to die, *Brøde,* crime; the other is *open,* something like the Engl. *u* in *murder,* as: *en Dör,* a door; *Sönnen,* the son. *Ög* sounds as *öj* in the vulgar but much used word: *Lögn,* lie.

Aa

is rather a difficult vowel to foreigners. The pronunciation is as *o* in the Engl. word *not,* as: *et Aar,* a year; *Haab,* hope. It may be called a diphtong, but as there really are no diphtongs in the Danish language, *aa* is numbered amongst the vowels.

The Consonants.

B
retains its own sound, more distinct in beginning than in ending a syllable: *Bidrag*, contribution; *dyb*, deep.

C
does not belong to the Danish alphabet as no purely Danish word begins with this Consonant, but it is still used by many writers, particularly in the names of foreign origin, and therefore it is necessary to know, that it is pronounced like *k* before *a, o, u, ö: Carlsbad, Cubic*, and takes the sound of s before *e, i, y, œ*, as: *Citron*, lemon; *Cæsar*, Cesar.

D
is pronounced like the Engl. *d: Død*, death; *Dag*, day. At the end of words the sound is very soft, as: *Brød*, bread, *Kjød*, meat; and in familiar conversation the letter *d* is very indistinctly heard after *l, n, r*, as well as before *s* and at the end of words: *Ild*, fire; *Sind*, mind, temper.

F
has its original sharp sound in the beginning of a syllable and after a short vowel, as: *falde*, to fall; *efter*, after; it is softer in the middle and the end of words, as: *Luft*, air; *vifte*, to wave. By some authors *f* is used in foreign words instead of *ph*.

G
is pronounced as *g* in *good*, sharper in the beginning than in the end of words: *Gartner*, gardener; *Bog*, book. In certain words of foreign origin it sounds nearly like *ch*, as: *Geni*, genius; *Gélee*, jelly.

H
is always heard distinctly and sharp in the beginning of a syllable before a vowel, as: *Huus*, house; *Handske*, glove; but it is almost silent before *j*

and *v* in the same syllable, as: *Hjerte*, heart; *Hvile*, rest.

J

has the sound of *y* in the Engl. word *yet*, as: *Jord*, earth; *Jæger*, hunter. In the division of words into syllables *j* always remains with the preceding vowel, as: *Vej*, pl. *Vej-e*, contrary to the other consonants which combine with the vowel following, as: *Land*, country, pl. *Lan-de*, countries.

Some writers very erroneously insert the *j* after the vowel when the primitive is a Danish word with *a, o, u;* so as *kjæmpe,* to fight, struggle, instead of *kæmpe,* as the primitive is *Kamp*. *J* is always combined with a vowel, *i* with a consonant.

K

is pronounced like the English, softer at the end than in the beginning of the syllable, as: *Kamp*, strife, *Buk*, bow. Great care must be taken not to confound the sounds of *g* and *k*.

L

always retains its own sound, as: *Lys*, light; *Lærer*, teacher.

M

likewise, generally making the preceding vowel short, as: *Lam*, lamb; *from*, pious.

N

also has the same sound as in English, but softer at the end, as: *Næse*, nose; *Vogn*, carriage.

P

retains its original sound distinctly pronounced, and is not to be confounded with *b*, as: *Paaske*, Easter: When used with *h* it is pronounced as *f*: *philosoph*, Philosopher; but modern authors generally write *Filosof*. *P* is silent before *s* in the word *Psalme* psalm.

Q

is justly rejected by a great part of the best Da-

nish authors as superfluous and not belonging to the language. Instead of this letter they make use of *k*, as: *Kvide*, grief, instead of Qvide; *Kvinde*, woman, instead of Qvinde.

R
always has a distinct sound as well after the vowel as before it, as: *Retfærd*, justice; *græde*, to weep.

S
has in Danish the same sound as *s* in the Engl. word *see*, as: *Skam*, shame; *Sæbe*, soap.

T
retains ist own sound, as: *Tjeneste*, service; *Trang*, need. *Th* in foreign words is pronounced like *t*: *Theori*.

V
sounds as in English: *Ven*, friend; *Viisdom*, wisdom. There is no *w* in the Danish language.

X and Z
are rejected as well as q as prejudicial to a faithful representation of the language. But some writers still use them, and they are then pronounced as *s* and *ts*. The numeral 16, written *sexten*, is pronounced *seisten*.

Chapter 2.

Reading Exercises

intended to assist the pupil in correctly pronouncing the letters of the Danish language.

A, E, J.

Danmark,	*dansk,*	*en Dannemand;*	*en Ark,*
Denmark,	Danish,	a brave fellow;	an ark,

et Ark, to Ark Papir;   en Gran,   Granerne,
a sheet, two sheets of paper,; a pine,   the pines,

et Gran, tre Gran;   en Hagl,   Hagl,   Hagl; (et)
a grain, three grains; a hail-stone, hail, small shot;

en Have, Haverne, et Hav, Havene; en Klap,
a garden, the gardens, a sea, the seas; a flap,

Klapper, et Klap, Klap; en Spand, to Spande,
flaps, a slap, slaps; a bucket, two buckets,

et Spand, (pl. Spænd); en brav Mand, en lang Have,
a team of horses, a brave man, a long garden,

en tam Abe, det gamle Skab, de flade Grave. Advare,
a tame ape, the old cup-board, the flat tombs. To warn,

bagtale, fatte, male, tabe, vandre;
to slander, to understand, to paint, to lose, to walk;

klart Vand, blanke Fade, Askepalmen.
clear water, bright plates, the ash-palm.

En Lem, et Lem, de gamle Lemme, svage
A shutter, a limb, the old trapdoors, weak

Lemmer. En Segl, mange Segl, et Segl, Faderens
limbs. a sickle, many sickles, a seal, the father's

tre Segl. Drengens Leg. Vennens Gave. Grevens
three seals. The boy's play. The friend's gift. The Count's

Breve. Fremmede Herrer. Levende Hegn. Herlig
letters. Foreign gentlemen. Quick hedges. Glorious

Eenhed. Bevare, eje, feje, herske, leve,
unity. To preserve, to possess, to sweep, to rule, to live,

vente. Dejlig, elskelig, ensom, evnerig,
to await. Beautiful, lovely, lonely, rich gifted,

nedstemt, nervesvag. En Bid, et Bid; en
depressed, nervous. A morsel, a bite; a

Riim, Rimen, et Riim, Rimene. En ny
hoar frost, the hoar frost, a rhyme, the rhymes. A new

Riis, et Riis Papir, fire Riis Papir. En god Sigte,
rice, a ream of paper, four reams of paper. A good sieve,

et godt Sigte. Den Skrift er fiin, et nyt Skrift.
a good aim. This writing is small, a new literary work.

En Stift af Jern, et rigt Stift, Messingstifter. En
an iron nail, a rich diocese, brass nails. An

vigtig Ting. Et Folkething. Et Thingsvidne.
important thing. A parliament. A witness.

Hjertefred. *Viinbjerge.* *Pigens Vid.*
Peace of the heart. Vineyards. The girl's wit.
Bedrifternes Tid. *Hjemmets Rige.*
The time of deeds. The kingdom of home.
Ilden gnistrer. *Vinden piber.* *Tiden svinder.*
The fire sparkles. The wind howls. Time flies.
Bide, drikke. hvine, pleje, strikke, vifte.
To bite, to drink, to whine, to nurse, to knit, to wave.
Blind, liflig, lille, rig, tilfreds, vigtig.
Blind, pleasant, small, rich, happy, important.

O, U, Y.

Tage Bo, Bolig, et godt Bo, (Indbo).
To take lodging, good furniture.
Den Flor var kort, det hvide Flor.
The prosperity was short, the white gauze.
En mörk Lod, et Lod Guld. Dansk Mode,
A dark lot, half an ounce of gold. Danish fashion,
der vil blive Landemode imorgen.
there will be a meeting of clergymen to-morrow.
Den Skjold taber sig, Hans Ord er mit Skjold.
The spot will disappear, His word is my shield.
Soldaterne fik en god Sold, et grovt Sold.
The soldiers were well paid, a coarse sieve.
Konens Tolk. Kongens Krone.
The woman's interpreter. The King's crown.
Hoffets Blomst. Dovne, fodre, koge,
The court's flower. To be idle, to feed, to boil,
sove, stoppe, vove. Dorsk, from, god,
to sleep, to darn, to dare. Indolent, pious, good,
hovmodig, kongelig, rolig. En ung Brud,
haughty, kingly, quiet. a young bride,
en Brudepige, Brud og Brudgom, et farligt Brud,
a bride'smaid, bride and bridegroom, a severe rupture,

et Ægteskabsbrud.   En gammel Buk, han gjorde et
a breach of marriage. An old he-goat, he made a
dybt Buk,   bukke for en Buk.   Hundens Herre.
deep bow, to bow before a he-goat. The dog's master.
   Guds Bud.   Sukkens Uge.   Bruge,
The Lord's commandment. The week of sighing. To use.
knuge,   knurre,   lugte,   slukke,   vugge.
to press, to grumble, to smell, to extinguish, to rock.
Fornuftig, frugtbar, huul, munter, pudsig, ukærlig.
reasonable, fertile, hollow, merry, odd, severe·
En god Fyr,   det Fyr hist,   et godt Fyr,
A good fellow, yonder light (fire), a good light (fire),
et godt Fyr,   en Fyr,   et Fyr og et Fyr.
a good fir-tree, a young man, a light-fire and a fir-tree.
   Lydens Hurtighed,   Tyvens Lykke.
   The quickness of sound.   The thief's luck.
   Sandsynligheds Skygge.   Fyre,   hyre,
   A shadow of probability.   To fire, to hire,
lytte,   plyndre,   slynge,   synge. Frydefuld,
to listen, to plunder, to sling, to sing. Joyful,
gylden,   lydig,   nydelig,   uskyldig,   ydmyg
golden, obedient, charming, innocent, humble.

   Æ, Ö, Aa.
   Læggen er noget andet end Lægget,
The calf of the leg is different from a dogs-ear,
et slemt Læg.   En Snært kan give et Snært.
a bad fold.   A lash can give a slash.
   Værgen har et Værge,   Vægteren er en
The guardian has a weapon, the watchman is a
   Værge og har et Værge.   Han har Værk i
guardian and has a weapon. He has a pain in
Lemmerne,   et godt Værk,   et ukjendt Værk.
his limbs, a good literary work, an unknown work.

Han er en Æsel,   Drengen har et smukt Æsel,
He is a donkey,   the boy has a fine donkey,
  en Æsel med et Æsel.   Brække,   fægte,
a donkey with a donkey.   To break,   to fight,
kæmpe,   lære,   nægte,   tænke.   Hæderlig,
to struggle, to learn, to deny, to think. Respectable,
nærende,   bævende,   vækkende,   ærlig,
nourishing,   trembling,   awakening,   honest,
ærekær. — Den grönne Frø,   det grönne Frø.
ambitious.   The green frog,   the green seed.
  Den slemme Følge,   det glimrende Følge,
The bad consequences,   the splendid retinue,
      Følgen af Følgets Opførsel.
the   consequences   of   the   retinue's   behaviour.
    Dødens Mörke.   Börnenes Nød.
The darkness of the death. The children's need.
En spansk Nöd, et godt Nöd,   Nød og Savn,
A spanish nut, a good neat, need and privation,
et Nöd men ikke en Nöd afhjælper Nød. En blank
  a neat but not a nut helps in need.   A bright
Nögle, et Nögle rødt Bomuldsgarn,   læg Nöglen
  key,   a reel of red cotton,   put the key
og Nöglet sammen.   En smal Söm,
and the reel together.   A narrow hem (or seam),
et stort Söm,   slaa et Söm i den Söm.   Dömme,
a large nail, put a nail in that seam.   To judge,
  kløve,   løfte,   nøle,   rødme,   svömme.
to cleave, to lift, to loiter, to blush, to swim.
Undersætsig, höj, brødefuld, støvet, skrøbelig, øde.
    stout,   tall,   sinful,   dusty, fragile, waste.
Et godt Raad,   Raaden gav et ringe Raad.
  Good advice,   the counsellor gave bad advice.
Et Aar,   et Aarstid,   Aar ud, Aar ind. Foraaret
A year, about a year,   year after year. The spring
      (a twelvemonth),

kaldes poetisk, Vaaren;   et Vaar er nyttigt
is poetically called »Vaar«; the cover of a cushion
ogsaa i Vaaren.   En Straale i Armods Vraa.
is useful also in the spring. A ray in the hut of poverty.

Aandsevner.   *Naal og Traad.*
Mental powers.   Thread & needle.

Aarets Maaneder.   *Afslaae,   faae,*
The months of the year.   To refuse, to receive,

aarelade,   slaae,   udstaae,   vaage.
to bleed,   to beat,   to suffer,   to awake, watch.

Daarlig,   gaadefuld,   naadig,   straalagt,
Foolish,   enigmatical,   gracious,   thatched,

straalende,   taaget.
radiant,   misty.

The Consonants.
B, D, F.

Barnet beder.   Blomsten dufter.   Bonden bygger.
The child prays. The flower smells. The peasant builds.

en Barnedaab.   *et Blomsterbed.*
The christening of a child.   A bed of flowers.

en Bondegaard.   *Bryggerens Bud.*
A peasant's farm.   The brewer's order.

Brudens Borg.   *Bølgens Brag.*
the Bride's castle.   the break of the wave.

Blomstre,   blaane,   bejle,   blegne,
To flourish, to turn blue, to court, to turn pale,

bruge,   bøde.   Bjergfuld,   bedrøvet,
to use, to mend.   Mountainous,   afflicted,

betydningsfuld,   beskeden,   bitter,   bølgende.
significant,   modest,   bitter,   waving.

Drengen driver.   *Dagen deles.*
The boy is idle.   The day is divided.

Dyden dadles.   Digtekunst.   Død og Dom.
Virtue is blamed.   Poetry.   Death and judgment.

En Dødningebaare.   *Daarens Drōm.*
A bier, (coffin).   The fool's dream.

Datterens Død.   *Dugdraaber.*   *Dele,*
The daughter's death.   Dew-drops.   To divide,

drikke,   *dryppe,*   *dræbe,*   *døe,*   *dōmme.*
to drink,   to drip,   to kill,   to die,   to judge.

Dejlig,   *dansk,*   *dydig,*   *dygtig,*
Charming,   Danish,   virtuous,   skilful,

dødelig,   *døv.*   —   *Faderen formaner;*
mortal,   dumb.   The father remonstrates;

Fangen flygter;   *Fjenden forbitres;*
The prisoner escapes;   The enemy is embittered;

en Faareflok;   *Fuglefangst;*   *Frændefare.*
a flock of sheep;   Bird catching;   danger of relations.

Falkens Flugt.   *Forfatterens Fred.*
The falcon's flight.   The peace of the author.

Flidens Frugt.   *Feje,*   *finde,*   *fortolke,*
The fruit of industry.   To sweep, to find, to interpret,

forædle,   *frede,*   *fægte.*   *Farlig,*
to ennoble,   to protect,   to fight.   Dangerous,

fjendtlig,   *fjern,*   *fremmed,*   *fri,*   *frugtbar.*
hostile,   distant,   foreign,   free,   fertile.

G, H, J.

Greven grunder.   *Gartneren graver.*
The Count reflects.   The gardener digs.

Graven gjemmer.   *Gaasegang.*
The tomb conceals.   Single file.

Guldkysten.   *Guddomsfylde.*
The Gold-coast.   Fulness of the Godhead.

Gnierens Guld.   *Giftermaalets Gang.*
The miser's gold.   The way of the marriage.

Grandskerens Grav.   *Gaae,*   *gjemme,*   *glemme,*
The researcher's tomb.   To walk,   to keep,   to forget,

grave,   *gribe,*   *grunde.*   *Gavmild,*   *gnaven,*
to dig,   to grasp,   to meditate.   Liberal,   morose,

guul, graa, grøn, gæv. — *Huset hælder.*
yellow, grey, green, bold, gallant. The house sinks.
Hesten hviler. *Hvalpen hviner.* *Hjertekval-*
The horse takes rest. The puppy whines. A heartfelt
grief.
En Herregaard. *En Hedningedrot.* *Hoffets*
A manor-house. A heathen chief. The Court's
Higen. *Havets Hemmelighed.* *Hjortens Horn.*
aspiration. The sea's secret. The stag's horn.
Have, hente, herske, hjælpe, hugge,
To have, to fetch, to govern, to assist, to strike,
hverve. Hellig, herskesyg, hjemlig, himmelsk,
to enlist. holy, imperious, homely, heavenly,
hyggelig, huld. — *Jægeren jubler.*
comfortable, faithful. The hunter is cheerful.
Jorden højner. *Jollen bjerger.* *Jorderige.*
The earth rises. The boat saves. All the world.
Jubelhymner. *Jomfrubuur.*
Hymns of joy. A maid's chamber.
Junkerens Jagtbøsse. *Julefestens Glæde.*
The young gentleman's gun. Christmas-cheer.
Jomfruens Ledestjerne. *Hjælpe, jage,*
The girl's guiding star. To help, to hurry on,
juble, jevne, pleje,
to cheer, to adjust, to be accustomed,
tjene. *Jagtelskende, jordisk, böjelig,*
to be in service. Fond of hunting, earthly, yielding,
höjre, stöjende, vejfarende. — *Kirken kalder.*
right, noisy, wandering. The church calls.
Konen knæler. *Karlen knurrer.*
The woman kneels. The man-servant grumbles.
Kraftens Kilde. *Klokkens Klang.*
The well of strength. The sound of the bell.
Kvindens Kamp. *En Korsdrager.*
The woman's struggle. A cross-bearer.

En Krigsret. En Kongebrud. Klage,
A court-martial. A Royal bride. To complain,
klippe,   kvæle,   nikke,   prikke,   strikke.
to cut, to suffocate, to nod, to prick, to knit.
Kejtet,   klog,   knarvurren,   kold,   korslagt,
Awkward, prudent, grumbling, cold, crossed,
krigersk.   Lovene lede,   Lönnen lokker.
warlike.   The laws guide. The reward attracts.
Landsherren lever.   Lærkeslag,
The King lives.   The warbling of a lark.
En Lædskedrik.   En Landsbykirke.
A refreshing beverage.   A village church.
Livets Lyst.   Løvens Larmen.
The life's pleasure.   The noise of the lion.
Troldfolkets List.   Leve,   laase,
The artifice of mountain-sprites. To live, to lock
lide,   lukke,   læse,   løfte.   Landlig,
to suffer, to shut, to read, to lift. Country-like,
liflig, lille, lummerhed, længselsfuld, lydløs.
pleasant, small, sultry, longing, noiseless.
Manden maler.   Moderen maaler.   Mølleren
The man paints. The mother measures. The miller
maler.   Modersmaal.   Mandemod.
grinds. A maternal language. Man's courage.
Middagsmad. MenneskelsMedynk. Lammets Lamhed.
Dinner. The man's pity. The lameness of the lamb.
Himmelsk Mildhed. Jeg maa, malke, meje, miste,
Heavenly mercy. I must, to milk, to mow, to lose,
myrde, møde. Mat, magelig, mild, modfalden.
to kill, to meet. Weak, fond of ease, mild, downcast,
mægtig,   mæt.
powerful, satisfied.

N, P, R.

Naturen nærer.   *Nøden nedstemmer.*
Nature maintains.   Want depresses.

Nöglen nytter,   *Nattedug.*   *En Naadegave.*
The key is useful.   Night-dew.   A gracious gift.

Nogensomhelst,   *Nattens Nyhed.*
Any whatever.   The news of night.

Nissers Natur.   *Nytaarsny.*
The nature of brownies.   The first moonlight in the year.

Naae, naadle, nyde, nægte, nøde,
To reach, to stitch, to enjoy, to deny, to compel,

nøle. Naadig, naturlig, nedtrykt, ny, nyttig,
to loiter. Gracious, natural, depressed, new, useful,

nydelsessyg.   —   *Paafuglen praler.*
fond of pleasure.   The peacock parades.

Præsten prædiker.   *Postbudet plejer.*
The clergyman preaches.   The letter carrier is accustomed to.

Pottelaag.   *Plumbudding.*   *En Pebersvend.*
The cover of a pot.   Plumpudding.   A bachelor.

Pigens Perlehöne.   *Puddelhundens Pote.*
The girl's guinea-hen.   The poodle's paw.

Prindsessens Peltsværk. Plage, plette, plukke,
The Princess's fur. To plague, to stain, to pluck,

pibe, prutte, puste. Paaskjønnet,
to whistle, to bargain, to blow. Appreciated,

penyegjerrig, pralende, pragtsyg, prövet,
greedy of money, boasting, fond of show, tried,

pæn.   —   *Riget rejses.*   *Ræven röver.*
nice.   The state is raised.   The fox robs.

Røveren raser.   *Ruskregn.*
The robber is furious.   Drizzling rain.

En Rejsedragt. En Retslærd. Ribsbærrets Farve.
A travelling-dress. A lawyer. The colour of the currant.

Rosens Duft. *Rigmandens Sorger.*
The perfume of the rose. The rich man's troubles.

Raabe, risle, rave, rejse, ride,
To cry out, to purl, to stagger, to travel, to ride,
rødme. Raa, raslende, redelig, rigtig,
to blush. Rough, rattling, honest, right, (true,)
russisk, rød.
Russian, red.

S, T, V.

Solen skinner. Skæbnen sviger. Sönnen skriver.
The sun shines. Destiny is deceitful. The son writes.
Sommervind. Sværdslag. Smertensvej.
Breeze. Stroke of the sword. Painful way.
Sorgens Skranke. Skovens Sangere.
The bounds of grief. The singers of the forest.
Sællands Sletter. Sejle, skabe, skrive,
The plains of Sealand. To sail, to create, to write,
støtte, sygne, svømme. Sid, sorgfuld,
to support, to sicken, to swim. Low, sorrowful,
stærk, svag, syg, sövnig. Træet trives.
strong, weak, ill, sleepy. The tree grows.

Tiden truer. *Tanken trodser.*
The time is threatening. The thought defies.
Et Oldtidsminde. *Smertenstime.*
A relic of antiquity. The time of grief.
Tvistens Talsmand. *Tjenerens Tak.*
The advocate of discord. The servant's thanks.
Troens Trøst. *Tankepuslinger.*
The consolation of faith. shadow of ideas.
Tale, title, troe, true, træffe,
To speak, to peep, to believe, to threaten, to hit,
trænge. Tillidsfuld, tjenstvillig, trofast,
to want. Confident, obliging, faithful,

troløs, trættekær, tung. Vejret vexler.
faithless, quarrelsome, heavy. The weather is changeable.
Vinden vifter. Verden virker. Vitterlighedsvidne.
The wind waves. The world is busy. Witness.
Venskabsdragt. Vredesudbrud.
Garb of friendship. Exclamation of anger.
Velvillies Varsel. Veltalenheds Vugge.
An omen of good-will. The cradle of eloquence.
Viismandens Vej. Vente, vide, vove,
The wise man's way. To await, to know, to dare,
voxe, vralte, vrindske. Vagtsom, venlig,
to grow, to waddle, to neigh. Watchful, friendly,
vittig, vanskelig, værdig, vigtig.
witty, difficult, worthy, important.

The four superflous Consonants
C, G, X, Z.

C is still used in some foreign words as:
Characteer, Capitain, Cicerone, Cypress.
Character, Captain, a guide, a cypres-tree.

Q is only retained by some old writers and always pronounced as *k*: Qvinde = *Kvinde,* woman; qvæle = *kvæle,* to suffocate.

X is used in some few words, as *strax,* instantly; *vexle, skifte,* to change. It is pronounced as *gs* or *ks,* which letters now are used instead of *x.* f. Ex. signifies: for instance.

Z is to be found but in some few foreign words, as: Zenith, Zone; mostly it is rejected and remplaced by *s,* as: *Sobelskind = Zobelpelsværk,* fur of sable; *Sinnober = Zinnober,* vermilion.

Chapter 3.

Skilletegnene.

Stops and marks used in writing.

These very important points, which either mark the pauses or denote the modulation of the voice, are called in Danish: The *Comma* or *Sætningstegn* (,), the *Semicolon* or *Ledtegn* (;), the *Colon* or *Tvepunkt* (:), the *Punktum* or *Slutningstegn* (.), the *Spørge-* or *Spørgsmaalstegn* (?), and the *Udraabstegn* (!). Besides these are the *Parenthesis, Indskudstegn* ( ), the *Citations* or *Anførelsestegn* („ "), the *Tankestreg* (—), the *Accent, Tonetegn* (´), the *Bindetegn* (-), and the Paragraph (§).

The Accent.

1) In the Danish language the stress or accent is placed on the *first radical syllable*, when the word is of Teutonic origin; but in words derived from the Latin languages, the stress is generally put on the last, as: *Vénskab,* friendship, *Digtekunst,* poetry. *Tyrán,* tyrant, *Mathematik,* mathematics.
2) Substantives, verbs and adjectives of two syllables have the accent on the first syllable as: *Móder,* mother; *jeg læser,* I read; *bítter,* bitter, *ædru,* sober.
3) Dissyllables ending in *el* have generally the accent on the first syllable, as: *Middel,* means; *Varsel,* warning.
4) Even in compound words the accent is placed on the radical syllable, as: *Móderkærlighed,* maternal love, *Kóngebrud,* Royal bride.

The accent is placed on the second or last syllable.

1) in words ending on *eri,* as: *Bryggeri,* brewery; *Bogtrykkeri,* printing-office;

2) in Dissyllables from foreign languages: *Kanāl,* canal, *Kongrès,* congres, *Gemāl,* consort, *Natūr,* nature; and
3) in most of the words beginning with the prefixes *be, er, for,* when they strengthen the idea, as: *betænke,* to reflect, *erkjēnde,* to acknowledge.

Some words spelt in the same way are only distinguished by the accent, as:

Fŏrslag, proposal, *Forslág,* sufficiency.
Bŏrt, border, *Bŏrt,* away.
Skŏrt, brittle, *Skŏrt,* skirt.

In Monosyllables ending in a consonant, the vowels *e, i, u* are often doubled, as: *en Green,* a branch; *et Huus,* a house; but the doubling never takes place when a vowel is added in the inflection of the word, as: *Grenen,* the branch; *Huset,* the house. Before the soft consonants *b, d, g, v,* the vowels never are doubled, as: *et Greb,* a grasp; *en Fod,* a foot; *et Lig,* a corpse; *et Liv,* a life.

The use of the Capitals.

Every noun Subst. is written in Danish with a capital letter, as: *en Dreng,* a boy; *et Barn,* a child. Adjectives are written with small initials, even those of national names, contrary to the English custom: *det engelske Sprog,* the English language; *den dansk-tydske Krig,* the Dano-German war. In epistolary correspondence *Du,* thou and *De,* you, are written with a capital letter as a mark of respect.

It will be useful to remark as laid down in my grammar*) that every noun Substantive in the Danish language either takes the article *en* or *et*. The first is common gender, *Fælleskjøn*, (Masculin and Feminine) the other neuter gender, *Intetkjøn*, as:

c. g. n. g.
en Mand, a man, *et Rige*, a state.
en Kvinde, a woman, *et Barn*, a child.

As *indefinite* article *en* and *et* are placed before the words, as *definite* they are added at the end; plural both numbers take *ene* or *ne*, as:

Mand-en, the man, *Rige-t*, the state.
Kvinde-n, the woman, *Barn-et*, the child.

The article with Adjectives is *den, det*; Plur. for all genders, *de*; as:

den gamle Mand, the old man,
den unge Kvinde, the young woman,
det store Rige, the large state,
det lille Barn, the little child.

Pl. *de gamle Mænd*, *de store Riger*,
de unge Kvinder, *de smaa Børn*.

But the words *den, det, de*, may also be considered as a demonstrative article or pronoun, as: *den* or *hiin Mand*, that man; *det* or *hiint Barn*, that child; *de eller hine Huse*, those houses.

The *Genitive* is formed by adding an *s* or *es*, (without the apostrophe used in the English language), and always precedes the Nominative, as:

Mandens Huus, the man's house, *Barnets Dukke*, the child's doll.

The *Plural* is formed by adding *er*, *r* or *e*: *Blomst*, flower, *Blomster*; *Pige*, girl, *Piger*; *Dreng*, boy, *Drenge*.

The plural definite takes farther *ne*, as: *Blomster-ne*, *Piger-ne*, *Drenge-ne*.

---

*) Guide to the Danish language publ. 1863.

Some words are alike in both numbers, as: *et Brød,* a loaf, *ti Brød,* ten loaves; *et Sprog,* a language, *fremmede Sprog,* foreign languages.

A number of Monosyllables change their vowel in the plur., as: *And,* duck, *Ænder; Haand,* hand, *Hænder; Stad,* town, *Stæder; Bog,* book, *Bøger.*

Feminine nouns are formed on the Masc. by adding *inde, esse* or *ske,* as: *Bestyrer,* Director, *Bestyrerinde; Baron,* Baron, *Baronesse; Bedrager,* swindler, *Bedragerske.*

The Adjectives correspond in gender and in number with the nouns to which they belong, as: *en stor Konge,* a great King, *store Konger,* great Kings; *et grönt Træ,* a green tree, *grönne Træer,* green trees.

The Pronoun *sig* is always reflective and should be carefully distinguished from *ham* or *dem.*

Hinanden is used speaking of two, *hverandre,* of more persons.

The Verbs have an *r* in the Sing. pres. but lose this *r* in the Plural, as: *jeg takker,* I thank, *vi takke; jeg skriver,* I write, *vi skrive.* All regular Verbs take *de* in Imperf. and *t* in Perf. *jeg takkede, har takket,* I have thanked; *vi fægtede, have fægtet,* we have fought.

The Cardinal numbers are named in Danish.

1, een.	11, elleve.
2, to.	12, tolv.
3, tre.	13, tretten.
4, fire.	14, fjorten.
5, fem.	15, femten.
6, sex.	16, sexten.
7, syv.	17, sytten.
8, otte.	18, atten.
9, ni.	19, nitten.
10, ti.	20, tyve.

21, en og tyve.
32, to og tredive.
43, tre og fyrretyve.
54, fire og halvtresindstyve.
65, fem og tresindstyve.
76, sex og halvfjersindstyve.
87, syv og fiirsindstyve.
98, otte og halvfemsindstyve.

100, hundrede.
150, hundrede og halvtreds.
439, firehundrede, ni og tredive.
896, ottehundrede, sex og halvfemsindstyve.
1,000, tusinde.
2,420, totusinde, firehundrede og tyve.
4,000,000, fire Millioner.

The abbreviated form in Danish from 50 to 90 is *halvtres*, (or *halvtreds*), instead af *halvtresindstyve*, *tres* or *treds* for *tresindstyve* etc. *Sinds* is an old Danish word signifying *Gange,* times, as: *fiirsindstyve,* 80, four times *twenty*. But it is only in speech „*indstyve*" is omitted, and even then never if a Noun follows the numeral, as: 50 houses, *halvtresindstyve Huse*, not *halvtres Huse*.

Ordinal numbers are formed of the Cardinals by adding *nde* or *ende*, as *syv,* syvende. Irregular are
den første, den anden, den tredie, den fjerde,
 1ste   2den   3die   4de
den femte, den sjette, den ellevte, den tolvte,
 5te   6te   11te   12te
den tredivte.
 30te.

Some exercises for the Nouns, including the Adjectives.

En smuk Hest, smukke Heste; den smukke Hest,
 A fine horse, fine horses, the fine horse,
de smukke Heste. Et gammelt Træ. En venlig Dame.
 the fine horses. an old tree. a kind lady.
Et godt Barn. En gnaven Mand, et modent Æble.
 A good child. A peevish man. A ripe apple.
Den muntre Drengs Leg.   Det nye Udsalgssteds
 The happy boy's game.   The customers of the

Kunder. Den lærde Mands Raad. Det gamle Loftes
new shop. The learned man's advice. The fulfilment of
Opfyldelse. En And og en Høne. Ænder og Høns.
the old promise. A duck and a fowl. Ducks and fowls.
En Fod og en Haand. Fødder og Hænder. En Bod
A foot and a hand. Feet and hands. A fine
og en Bog. En Ko og en So. Kraft og Rod.
and a book. A cow and a sow. Strength and root.
En Klo og en Taa. Tre Konger. Fem Drenge.
A claw and a toe. Three Kings. Five boys.
Tyve Mænd. Hundrede Börn. Smaa Bøger.
Twenty men. Hundred children. Little books.
Gamle Kort. Onde Ting, værre Ting. Mange
Old cards. Bad things, worst things. Much
Penge, flere Penge.
money, more money.

Exercises for the Pronouns.

Jeg læser, vi læse. *Du læser min Bog.*
I read, we read. Thou readest my book.
I læse vore Bøger. *Han læser Din Bog.*
You read our books. He reads thy book.
Hun læser Dine Bøger. *De læse Eders Bøger.*
She reads thy books. They read your books.
Har Du min Kniv? Har hun min Kurv? Have
Hast thou my knife? Has she my basket? Have
de mine Penge? Vi have ikke Eders Papir.
they my money? We have not your paper.
I have ikke deres Indsigt. De ville ikke blive.
You have not their knowledge. They will not stay.
Hun bader sig. De bade sig. De bade dem.
She bathes. They bathe. They bathe them.
De klæde sig paa. De klæde dem paa. Han saae
They dress. They dress them. He saw
sine Börn. Han saae hans
his (own) children. He saw his (another person's)

Børn.   *Hun tog sine Penge.*   *Hun tog*
children.   She took her money.   She took
hendes Penge.   *Jeg slog dem.*
her (another person's) money.   I beat them.
De sloge mig.   *Han roste hende.*   *Hun roste ham.*
They beat me.   He praised her.   She praised him.
Du elsker hende.   *Hun elsker Dig.*   *Hiin Mand.*
Thou lovest her.   She loves thee.   That man,
hiint Huus, hine Mænd, hine Huse.   *Den Dreng,*
that house, those men, those houses.   That boy,
det Brev, de Drenge, de Breve.   *Denne Pige,*
that letter, those boys, those letters.   This girl,
dette Hjem, disse Piger, disse Hjem. Hvilken Bog?
this home, these girls, these homes. What book?

Den som Du veed.   *Hvilket Land? Det som*
The one which you know. What country? That
ligger nordlig. Mennesker, hvis Haab er jordisk.
towards the North. People, whose hope is on the earth.
Bøger, hvis Indhold er nyttigt. Man siger. Ingen
Books whose contents are useful. They say. Nobody
er lykkelig.   *Enhver er glad.*   *Alle bede.*
is happy.   Every one is happy.   All pray.

Exercises for the Verbs.

Du drikker, de drikke.   *Hun beder, vi bede.*
Thou drinkest, they drink.   She prays, we pray.
Jeg tænker, vi tænke. Min Broder skriver. Hendes
I think, we think. My brother writes. Her
Søster læser. Han spurgte, hun lyttede, de knurrede.
sister reads. He asked, she listened, they grumbled.
Jeg har spiist til Middag.   *Vi have drukket The.*
I have taken my dinner.   We have taken our tea.
Du havde læst Brevet.   *J havde sovet.*
Thou hadst read the letter.   You had slept.
Han skal fægte.   *Hun skal synge.*
He is going to fight.   She will sing.

De skulle kæmpe.   *Jeg skulde sejle.*
They may fight, struggle.   I should sail.
Vi skulde kaste.
We should (be obliged to) throw.
Gaa! spiis! tænk!
Go! eat! (think) reflect!

Exercises for the Particles.

Han kommer gjerne. Hun rejser snart. De
He comes willingly. She will soon go away. They
læse godt. Allevegne og ingensteds. Opad
read well. Everywhere and nowhere. Upwards
og nedad. Hjemme og hjemad. Jeg
and downwards. At home and homewards. I
kan ikke komme. Har Du været her længe?
can not come. Have you been here long?
Maleriet er bag Døren. Hun faldt under
The picture is behind the door. She fell under
Vognen. Gaa bort fra Vinduet. Kom til mig.
the carriage. Go away from the window. Come to me.
Bogen ligger paa Bordet. Min Hustru og mit Barn.
The book lies upon the table. My wife and my child.
Han er altid for silde. Enten maa Du eller jeg
He is always too late. Either you or I may call
besøge dem. Hverken min Pen eller min Pung er
on them. Neither my pen nor my purse are
til at opdage. Dersom Du seer hende, da hils
to be discovered. If you see her, pray remember
venligt fra mig, endskjøndt hun nu er en stor Dame.
me kindly to her, though she now is a great Lady.

Vocabulary
(Ordsamling).

Den hele Verden og Jorden.	The Universe and the Earth.
Gud,	God.
Skaberen,	the Creator.
Skabelsen, det Skabte,	the creation.
en Skabning,	a creature.
Verden,	the world.
Elementerne (n),	the elements.
Luft (c),	Air.
Ild (c),	Fire.
Jord (c),	Earth.
Vand (n),	Water.
Himlen,	the heaven.
Himmelhvælvingen,	the firmament.
Solen,	the sun.
Maanen,	the moon.
Stjernerne (c),	the stars.
et Stjernebillede,	a constellation.
en Planet,	a planet.
en Komet,	a comet.
Solstraalerne (c),	the beams or rays of the sun.
Solopgang (c),	the sunrise.
Solnedgang (c),	the sunset.
Lys (n),	light.
Mörke (n),	darkness.
Dag (c),	day.
Nat (c),	night.
Varme (c),	warmth.
Hede (c),	heat.
Kulde (c),	cold.
Lynild (c),	lightning.

(c) = common gender. (n) neuter gender.

Lynstraale (c),	a flash of lightning.
Torden (c),	thunder.
Tordenskrald (n),	a thunderclap.
Vejrliget,	the weather.
et Uvejr,	a thunderstorm, storm.
Regn (c),	rain.
et Regnskyl, Skylregn (c),	a heavy shower.
en Regndraabe,	a drop of rain.
en Regnbyge,	a shower.
en Regnbue,	a rainbow.
en Sky,	a cloud.
Snee (c),	snow.
Hagl (c),	hail.
Taage (c),	fog.
Dug (c),	dew.
Riimfrost (c),	hoar-frost.
Frost (c),	frost.
Tø (c),	thaw.
Iis (c),	ice.
Iisslag (n),	glazed frost.
en Iistap,	an icicle.
Vinden, Blæsten,	the wind.
en Hvirvelvind,	a whirlwind.
en Storm,	a storm or gale.
en Orkan,	a hurricane.
et Jordskælv,	an earth-quake.
Øst, (c),	East.
Vest (c),	West.
Syd (c),	South.
Nord (c),	North.
Törke (c),	drought, dryness.
Væde (c),	humidity.
Støv (n),	dust.
Sand (n),	sand.
Gruus (n),	gravel.
Mudder (n),	mud.
en Steen,	a stone.
en Ørken,	a desert.

en Klippe,	a rock.
en Skrænt,	a slope.
en Høj,	a hill.
en Dal,	a valley.
et Bjerg,	a mountain.
en Bjergkjæde,	a range or chain of mountains.
en Bjergtop,	the summit.
et Forbjerg,	a promontory, cape.
en Landpynt.	the point of a promontory.
en Slette,	a plain.
en Hule,	a cavern, den.
en Grotte,	a grotto.
en Landtunge,	an isthmus.
en Landstrimmel,	an isthmus, a strip of land.
Fastlandet,	the continent.
Kysten,	the coast.
Strandbredden,	the shore.
en Halvø,	a peninsula.
en Ø,	an island.
en Kilde,	a spring, well.
en Indsö,	a lake.
en Bæk,	a rivulet.
en Dam,	a pond.
en Aa,	a brook.
en Flod,	a river.
et Flodleje,	the bed of the river.
en Flodmunding,	the mouth of the river.
et Vandfald.	the waterfall.

Hav- og Sövæsen. — *Of the sea and navigation.*

Verdenshavet,	the Ocean.
et Hav,	a sea.
Middelhavet,	the Mediterranean.
Atlanterhavet,	the Atlantic ocean.
det stille Hav,	the pacific ocean.
det indiske Hav,	the Indian ocean.

Nordhavet,	the arctic Ocean.
Sydhavet,	the antarctic Ocean.
et Øhav,	an archipelago.
det adriatiske Hav,	the Adriatic.
Nordsøen,	the North-sea.
Østersøen,	the Baltic-sea.
et Stræde,	the strait.
en Kanal,	the channel.
en Bugt,	a gulf, bay.
en Fjord,	an inlet, a frith.
en Vig,	a creek.
en Rhed,	a road.
en Ankerplads,	a roadstead.
en Havarm,	an arm of the sea.
en Strøm,	a current.
en Havn,	a harbour.
en Bølge, Vove,	a billow, wave.
et Bølgeslag,	a breaking of the waves.
Bølgeskum (n),	foam, froth.
Havblik (n),	calm.
et Vindstød,	a squall.
en Malström,	a whirlpool.
Hvirvelvinde (c),	whirlwinds.
en Skypompe,	a water-spout.
Ebbe og Flod,	the ebb and flood.
Flodstigningen,	the tide.
Kysten,	the coast.
Strandbredden,	the shore.
den lave Strandbred.	the beach.

En Klippekyst,	a rocky coast.
Skær, Klippeskær,	sunken rocks.
en Flaade,	a fleet.
en Sømagt,	a navy.
et Skib, en Sejler,	a vessel, a ship.
en Baad,	a boat.
en Jolle,	a yawl, jolly, boat.
et Dampskib,	a steamer, steam boat.
et Krigsskib,	a man of war.

en Fregat,	a frigate.
et Linieskib,	a line-of-battle-ship.
en Koffardifarer,	a merchant-vessel.
en Kanonbaad,	a gun-boat.
en Slup,	a sloop.
et Lejdeskib,	a convoy.
et Fragtskib, Transportskib,	a transport.
Forstavnen,	the prow, stem.
Kølen,	the keel.
Dækket,	the deck.
Agterstavnen,	the stern, sternmainpost.
Agterspejlet,	the stern-frame.
Masten,	the mast.
Stormasten,	the main-mast.
Fokkemasten,	the fore-mast.
Raaen (pl. Ræer),	the yard.
Bugsprydet,	the bow-sprit.
Stormærset,	the main-top.
Gangspillet,	the capstan.
Vanterne (c),	the shrouds.
Sejlene (n),	the sails.
Storsejlet,	the main-sail.
hidse, rebe, stryge, } Sejl,	to hoist, to reef, to strike, } the sails.
Roret,	the rudder.
et Rofartöj,	a row-boat.
Lugerne (c),	the hatches.
Tovværket,	the rigging.
Flaget,	the flag.
Flagstangen,	the flag-staff.
Aarerne (c),	the oars.
et Tov,	a rope.
Ankertovet,	the cable.
Loddet,	the lead, sounding-lead.
Stykportene,	the ports.
Ankeret,	the anchor.
kaste Anker,	to cast anchor.

lette, \} Anker,	to weigh anchor.
kappe, ∫	to cut the cable.
Kompasset,	the compass.
Hængeköjen,	the hammock.
Styrbordsiden,	the starboard.
Bagbordsiden,	the larboard.
Baglasten,	the ballast.
Vimplen,	the streamer, pennant.
Skibsmandskabet,	the crew.
en Sømand,	a sea-man.
en Kadet,	a midshipman.
en Matros,	a sailor.
en Lods,	a pilot.
Overbefalingsmanden,	the commander in chief.
Styrmanden,	the mate.
Baadsmanden,	the boatswain.
Højbaadsmanden,	the boatswainsmate.
Skibsføreren,	the ship-master.
Kahytsdrengen,	the cabin-boy.
et Skibbrud,	a ship-wreck.
en Stranding,	a stranding.
en Sørøver.	a pirate.

Hæren
og Krigsfornødenheder. *The army*
and ammunition.

En Hær, Armee,	an army.
den Øverstbefalende,	the commander in chief.
Generalstaben,	the staff (of the general.)
en General,	a general.
en Generallöjtnant,	the lieutenant-general.
en Oberst,	the colonel.
en Oberstlöjtnant,	the lieutnant-colonel.
en Major,	the major.
en Ritmester,	the captain (of horse).
en Kaptajn,	the captain.

en Löjtnant,	the lieutenant.
en Fanebærer,	an ensign.
en Korporal,	a corporal.
en Kanoneer,	a gunner.
en Piber,	a fifer.
en Trommeslaaer,	a drummer.
en Trompeter,	a trumpeter.
en Soldat,	a soldier.
en Dragon,	a dragoon.
en Husar,	a hussar.
en Artillerist,	an artillery-man.
Hestfolket,	Cavalry.
Fodfolket,	Infantry.
en Række Soldater, et Geled,	a rank of common soldiers, rank and file.
en Skildvagt,	a sentinel.
et Skilderhuus,	a sentry-box.
Fanen, Banneret,	the colours, banner, standard.
Uniformen,	the uniform.
Hjelmen,	the helmet.
Brystharnisket,	the cuirasse.
Skærfet,	the sash.
en Sabel,	a sabre.
et Sværd,	a sword.
en Kaarde,	a small sword.
en Kaardeklinge,	a sword-blade.
en Kaardeskede,	a sword-sheath.
et Kaardefæste,	the hilt of a sword.
en Bøsse,	a gun.
en Bajonet,	a bayonet.
en Patrontaske,	a cartridge-box.
Patroner (c),	cartridges.
en Kanonkugle,	a ball.
en Bøssekugle,	a bullet.
en Riffel,	a rifle.
en Skarpskytte,	a rifle-man.
Krudt (n),	gunpowder.

en kort Rytterflint, Karabin,	a carbine, gun.
en Kanon,	a gun, cannon.
en Mørser,	a mortar.
en Haubits,	a howizer.
en Bombe,	a bomb.
en Granat,	a grenade.
en Besætning,	a garrison.
Voldene,	the ramparts.
Gravene,	the ditches.
Løbegravene,	the trenches.
Brystværnet,	the parapet.
Skandsepæle (c),	the palisades.
en Skandsekurv,	a gabion.
et Skydehul,	an embrasure.
en Fæstning,	a fortress.
et Telt,	a tent.
en Lejr,	a camp.
slaae Tappenstreg,	to beat the tattoo.
et Slag.	a battle.

Tiden og dens Inddeling.   *Time and its division.*

Et Aarhundrede,	a century.
et Aar,	a year.
et Skudaar,	a leap-year.
et halvt Aar,	six months.
et Fjerdingaar,	three months.
en Maaned,	a month.
en Uge,	a week.
en Dag,	a day.
en Time,	an hour.
et Minut,	a minute.
et Sekund,	a second.
en søgen Dag,	a week day.
en Helligdag,	a holy day.

Söndag,	Sunday.
Mandag,	Monday.
Tirsdag,	Tuesday.
Onsdag,	Wednesday.
Torsdag,	Thursday.
Fredag,	Friday.
Lørdag,	Saturday.
Morgen,	morning.
Aften,	evening.
Middag,	noon, midday.
Midnat,	midnight.
Dag og Nat (c),	day and night.
Morgendæmring (c),	the morning-dawn.
Aftenskumring (c),	the evening-twilight.
Nytaarsdag,	the new-year's-day.
Helligtrekongerdag,	Twelfth-day.
Kyndelmisse (c),	Candlemas-day.
Fastelavnsmandag,	Lent-monday.
Fasten,	Monday before Lent.
Mariæ Bebudelsesdag,	Lady-day.
Hvide Tirsdag,	Shrove-Tuesday.
Aske Onsdag,	Ash-Wednesday.
Palmesøndag,	Palm-Sunday.
den stille Uge,	the Holy week.
Skærtorsdag,	Maundy-Thursday.
Langfredag,	Good-Friday.
Paasken,	Easter.
Himmelfartsdagen,	Ascension-day.
Bededagen,	the fast-day.
Pintsen,	Whitsuntide.
St. Hansdag,	Midsummer-day.
Kristi Legemsfest (c),	Corpus-Christi-day.
Alle Helgensdag (c),	All-Saints-day.
Mikkelsdag,	Michaelmas.
Mortensdag,	Martinmas.
Julefesten,	Christmas.
Juleaften,	Christmas eve.
Nytaarsaften,	the new year's-eve.

Mennesket og dets Slægtforbindelser.	*Man and his relations.*
En Mand,	a man.
en Kvinde,	a woman.
en Yngling,	a young man.
en Pige,	a girl.
en Jomfru,	a virgin.
en ugift Mand, Pebersvend,	a bachelor (old).
en ugift Kvinde,	an old maid, a virgin.
et Barn,	a child.
et spædt Barn,	an infant, baby.
et nyfødt Barn,	a new-born child.
en lille Dreng,	a little boy.
en lille Pige,	a little girl.
en Olding,	an old man.
Barndommen,	childhood.
Ungdommen,	the youth.
Manddommen,	manhood.
Alderdommen,	old age.
Fødslen,	the birth.
Livet,	the life.
Døden,	the death.
Familien,	the family.
Slægtninge } (c),	relations.
Paarørende }	relatives.
Forældrene,	the parents.
Faderen,	the father.
Moderen,	the mother.
Bedstefaderen,	the grandfather.
Bedstemoderen,	the grandmother.
Oldefaderen,	the great-grandfather.
Oldemoderen,	the great-grandmother.
Tipoldefaderen, } Tipoldemoderen, }	the great-great-grandfather or mother.
Broderen,	the brother.
Tvillinger,	twins.

Søsteren,	the sister.
Barnet, Börnene,	the child, children.
Sönnen,	the son.
Datteren,	the daughter.
Brodersönnen,	the nephew.
Sönnedatteren,	the granddaughter.
Svigersönnen,	the son-in-law.
Søsterdatteren,	the niece.
Stedsönnen, -datteren,	the step-son, -daughter.
Stedfaderen, -moderen,	the step-father, -mother.
Svigerfaderen, -moderen,	the father-mother-in-law.
Svogeren, Svigerinden,	the brother-sister-in-law.
Morbroderen, Farbroderen, } Onklen,	the uncle.
Mosteren, Fasteren, } Tanten,	the aunt.
Fætteren, Fættersken, } Sødskendebörn,	the cousins.
Næstsødskendebörn,	second cousins.
Forlovelsen,	the betrothal, engagement.
Brudgommen,	the bridegroom.
Bruden,	the bride.
Giftermaalet, Ægteskabet, } Bryllupet,	the wedding. the marriage.
Ægtefællen,	the husband.
Hustruen,	the wife.
en Enkemand,	a widower.
en Enke,	a widow.
et forældreløst Barn,	an orphan.
en Formynder,	a guardian.
en Myndling,	a ward.
Slægtskabet,	the relationship.
Plejefaderen,	the fosterfather.
Plejemoderen,	the fostermother.
et Navn.	a name.

Det menneskelige Legeme.	*The human body.*
Sjælen,	the soul.
Legemet,	the body.
Lemmerne (n),	the limbs.
Knoklerne (c),	the bones.
Kjødet,	the flesh.
Marven,	the marrow.
Huden,	the skin.
Blodet,	the blood.
Aarene,	the veins.
Nerverne (c),	the nerves.
Musklerne (c),	the muscles.
Hovedet,	the head.
Haaret,	the hair.
Issen,	the crown of the head.
Tindingerne (c),	the temples.
Hjernen,	the brain.
Hjerneskallen,	the scull.
Panden,	the forehead.
Ansigtet,	the face.
Ansigtstrækkene (n),	the features.
Öjet,	the eye.
Öjestenen,	the ball of the eye.
Öjelaaget,	the eye-lid.
Öjehaarene,	the eyelashes.
Öjekrogen,	the corner of the eye.
Öjenbrynene,	the eyebrows.
Öjehulen,	the socket of the eye.
Öjestjernen, Pupilen,	the pupil.
Ørerne,	the ears.
Øreflippen,	the tip of the ear.
Trommehinden,	the tympanum.
Næsen,	the nose.
Næsebenet,	the bridge of the nose.
Næseborene,	the nostrils.
Kinden, Kindbenet,	the cheek.
Smilehuller (n),	the dimples.

Hagen,	the chin.
Munden,	the mouth.
Mundvigerne (c),	the corner of the mouth.
Læberne (c),	the lips.
Tænderne (en Tand),	the teeth (tooth).
Hundetænderne,	the eye-teeth.
Kindtænderne,	the molar-teeth, (grinders).
Tandkjødet,	the gums.
Ganen,	the palate.
Tungen,	the tongue.
Struben,	the throat.
Svælget,	the swallow.
Drøvelen,	the uvula.
Luftrøret,	the wind-pipe.
Halsen,	the neck.
Nakken,	the back of the neck.
Nakkebenet,	the vertebræ of the neck.
Skuldrene (c),	the shoulders.
Skulderbladet,	the shoulder-blade.
Ryggen,	the back.
Rygraden,	the spine.
Armen,	the arm.
Armpiben,	the shoulder-bone.
Albuen,	the elbow.
Haanden,	the hand.
Haandledet,	the wrist.
den flade Haand,	the palm of the hand.
den knyttede Haand,	the fist,
Fingrene (c),	the fingers.
Tommelfingren,	the thumb.
Pegefingren,	the forefinger.
Mellemfingren,	the middle-finger.
Ringfingren,	the ringfinger.
den lille Finger,	the little finger.
Neglene (c),	the nails.
et Ledemod,	a joint.
Brystet,	the breast.

Brystbenet,	the breastbone.
Barmen,	the bosom.
Hjertet,	the heart.
Hjertekammeret,	the ventricle of the heart.
Bugen,	the belly.
Underlivet,	the abdomen.
Maven,	the stomach.
Lungerne,	the lungs.
Leveren,	the liver.
Nyrene,	the loins.
Milten,	the spleen.
Galden,	the gall.
de indvendige Dele,	the entrails.
Tarmene,	the intestines, bowels.
Siden,	the side, flanks.
Midien,	the waist.
Spyttet,	the spittle, saliva.
Slimen,	the mucus, phlegm.
Ribbenene,	the ribs.
Hoften,	the hip.
Benet,	the leg.
Læggen,	the calf of the leg.
Vristen,	the instep.
Anklen,	the ankle.
Skinnebenet,	the shinbone, bone of the leg.
Knæhasen,	the ham.
Knæet,	the knee.
Knæskallen,	the cap of the knee, knee-pan.
Foden,	the foot.
Fodsaalen,	the sole of the foot.
Hælen,	the heel.
Tæerne.	the toes.

Sandserne, Aandsevner og Egenskaber.	The senses, mental faculties and qualities.
Synet,	the sight.
Hørelsen,	the hearing.
Lugten,	the scent, smell.
Smagen,	the taste.
Følelsen,	the touch, feeling.
Aanden,	the mind.
Sjælen,	the soul.
Hjertet,	the heart.
Forstanden,	the understanding.
Fornuften,	the reason.
Hukommelsen,	the memory.
Begrebet,	the conception, idea.
Tænkekraften,	the reflection.
Evnerne,	the faculties.
Vid,	wit.
Samvittigheden,	the conscience.
Søvnen,	the sleep.
en Dröm,	a dream.
Dömmekraften,	the reasoning.
Indbildningskraften,	the imagination.
Villien,	the will.
Sindsstemningen,	the humor.
Sindsbevægelsen,	the emotion.
Lidenskaben,	the passion.
en Vildfarelse,	an error.
Kløgt,	sagacity.
Klogskab,	prudence.
Enfoldighed,	sillyness, stupidity.
Kundskab,	knowledge.
Uvidenhed,	ignorance.
Tro,	faith.
Haab,	hope.
Kjærlighed,	love.
Had,	hatred.
Frygt,	fear.
Tvivl,	doubt.

Glæde,	joy.
Smerte, Sorg,	grief.
Henrykkelse,	delight.
Sörgmodighed,	mournfulness.
Fornöjelse,	pleasure.
Bedrøvelse,	affliction.
Ømhed,	tenderness.
Strænghed,	severity.
Misundelse,	envy.
Skinsyge,	jealousy.
Medynk,	compassion.
Grusomhed,	cruelty.
Skarpsind,	sagacity.
Dumhed,	stupidity, foolishness.
Taalmod,	patience.
Utaalmodighed,	impatience.
Forundring,	astonishment.
Beundring,	admiration.
Mildhed,	benignity.
Vrede, Harme,	anger, wrath.
Barmhjertighed,	mercy.
Ubarmhjertighed,	unmercifulness.
Tilböjelighed,	inclination.
medfødt Utilböjelighed,	antipathy.
Flid,	diligence.
Dovenskab,	idleness, laziness.
Virksomhed,	industry.
Efterladenhed,	carelessness.
Skødesløshed,	listlessness.
Høflighed,	politeness.
Uhøflighed,	incivility.
Tillid,	confidence.
Mistillid,	mistrust.
Dristighed,	boldness.
Fejghed,	cowardice.
Medlidenhed,	pity.
Egenkærlighed,	selfishness.
Fromhed,	piety.

Ugudelighed,	wickedness.
Kydskhed,	chastity.
Ukydskhed,	impurity.
Venlighed,	kindness.
Uvenlighed,	unkindness, morosity.
Ædruelighed,	sobriety.
Drukkenskab,	drunkenness.
Redelighed,	honesty.
Uredelighed,	deceit, fraud.
Ydmyghed,	humility.
Stolthed,	pride.
Undselighed,	bashfulness.
Fripostighed,	insolence.
Skræk,	terror.
Skam,	shame.
Venskab,	friendship.
Fjendskab,	hostility.
Tarvelighed, Nøjsomhed,	frugality.
Graadighed,	voracity.
Rolighed,	tranquillity.
Iilsind,	passion, rage.
Taknemmelighed,	gratitude.
Utaknemmelighed,	ungratefulness, ingratitude.
Beskedenhed,	modesty.
Ubeskedenhed,	indiscretion, immodesty.
Gavmildhed,	liberality.
Gjerrighed,	avarice.
Retfærdighed,	righteousness,
Uretfærdighed,	injustice.
Karrighed,	penuriousness.
Höjmodighed,	generosity.
Smaalighed,	meanness.
Livlighed,	liveliness.
Dorskhed,	indolence.
Paalidelighed,	trust.
Mistro,	suspicion.
Sjælefred,	peace of mind.

Hjertekval,	heartfelt grief.
Sandhed,	truth.
en Usandhed,	a falsehood, lie.
en Brøde,	a crime.
Synd.	sin.

Sygdomme og Svageligheder. — *Maladies and infirmities.*

en Sygdom,	a malady, disease.
en Upasselighed,	an indisposition.
en Svagelighed,	a weakness, debility.
en Legemsfejl,	a bodily defect.
Smerte,	pain, ache.
Afmagt,	fainting.
Hovedpine,	head-ache.
Tandpine,	tooth-ache.
Ørepine,	ear-ache.
Mavesmerter,	stomach-ache.
Hoste,	cough.
Snue,	catarrh.
Forkølelse,	a cold.
Feber,	fever.
Koldfeber,	the ague.
Nervefeber,	nervous fever.
Skarlagensfeber,	scarlet fever.
Tyfus,	typhus fever.
Hæshed,	hoarseness.
Svimmelhed,	dizzeness.
Börnekopper,	small-pox.
Mæslinger,	measles.
Gigt,	rheumatism, gout.
Podagra,	gout.
Vattersot,	dropsy.
Skørbug,	scurvy.
Brystsyge,	disease of the chest.
Svindsot, Tæring,	consumption, phtisie.
Lungesyge,	pulmonic-consumption.

Sidesting,	pleurisy.
Krampe,	cramp, spasm.
Krampetrækninger,	convulsions.
Slagtilfælde,	apoplexy.
den faldende Syge,	epilepsy.
Blegsot,	Green-sickness, chlorosis.
Guulsot,	jaundice.
Nyresteen,	gravel.
Kræft,	cancer.
Koldbrand,	gangrene.
Lamhed,	paralysis.
Døvhed,	deafness.
Stumhed,	dumbness.
Blindhed,	blindness.
Stær,	cataract.
Halten,	lameness.
Skelen,	squinting.
Stammen,	stammering.
en Pukkelrygget,	a hunch-back.
en Krøbling,	a cripple.
en Forvridning,	a dislocation.
et Beenbrud,	a fracture of the leg.
en Kvæstning,	a bruise.
en Skramme,	a scratch.
et Stød,	a contusion.
et Saar,	a wound.
Helbredelsen,	the recovery.
Kuren,	the cure.
et Lægemiddel,	a remedy.
en Mixtur,	a mixture-
Draaber,	drops.
Pulver,	powder.
en Aareladning,	a bleeding.
et Bind,	a bandage.
Charpie,	lint.
Salve,	ointment, salve.
Balsam,	balm.
et Bad.	a bath.

Dyr, Animals.

Firefødede Dyr.   *Quadrupeds.*

En Hest,	a horse.
en Hingst,	a stallion.
en Hoppe,	a mare.
et Føl,	a colt, filly.
en Ridehest,	a saddle-horse.
en Kørehest,	a coach-horse.
en Trækkehest,	a draft-horse, pack-horse.
en Væddeløber,	a race-horse.
en Lejehest,	a hack-horse.
et Øg,	a jade.
en Tyr,	a bull.
en Oxe,	an ox.
en Stud,	a bullock.
en Ko,	a cow.
en Kvie,	a heifer.
en Kalv,	a calf.
et Æsel,	a donkey, an ass.
et Muuldyr,	a mule.
en Væder,	a ram.
en Bede,	a wether.
et Faar,	an ewe, a sheep.
et Lam,	a lamb.
en. Gedebuk,	a he-goat.
en Ged,	a she-goat.
et Kid,	a kid.
en Orne,	a hog, pig.
et Sviin,	a pig, swine.
en So,	a sow.
en Griis,	a pig.
en Pattegriis,	a sucking-pig.
en Kat,	a cat.
en Killing,	a kitten.
en Hund,	a dog.
en Tæve,	a bitch.
en Hvalp,	a puppy, whelp.

en Støver,	a beagle.
en Mynde, } en Vindspiller, }	a greyhound.
en Pudelhund,	a poodle.
en Jagthund,	a sporting-dog.
en Skødehund,	a lap-dog.
en Mops,	a pug, pug-dog.
en Gaardhund,	a watch-dog, chain-dog.
en Hønsehund,	a setter.
en Bulbider,	a mastiff.
en Køter,	a cur.
en Grævlingehund,	a turnspit.
en spansk Vagtelhund, Bologneser,	a spaniel.
en Faarehund,	a shepherd's dog, sheep-dog.
en Løve,	a lion.
en Løvinde,	a lioness.
en Elefant,	an elephant.
en Ulv, -inde,	a wolf, she-wolf.
en Tiger, -inde,	a tiger, tigress.
en Leopard,	a leopard.
en Hyæne,	a hyena.
en Ræv,	a fox.
en Björn,	a bear.
en Hunbjörn,	a she-bear.
et Vildsviin,	a wild-boar.
Vildsvinetænder,	tusks.
en Hjort,	a stag.
en Hind,	a hind.
en Hjortekalv,	a fawn.
en Kronhjort,	a hart.
en Raabuk,	a roe-buck.
en Raaged,	a roe, female roe.
en Raakalv,	a roe-calf.
et Daadyr,	a deer.
en Daahind,	a doe.
en Daakalv,	a fawn.

en Hare,	a hare.
en Steenged, Gemse,	a chamois.
en Maar,	a marten.
en Væsel,	a weasel.
en Ilder,	a fitchet, a polecat.
en Fritte,	a ferret.
en Grævling,	a badger.
en Kanin,	a rabbit.
et Egern,	a squirrel.
et Pindsviin,	a hedgehog.
et Dovendyr,	a sloth.
en Rotte,	a rat.
en Muus.	a mouse.

Fugle.   *Birds.*

En Huusfugl,	a domestic bird.
en Hane,	a cock.
en Høne,	a hen, fowl.
en Kapun,	a capon.
en Kylling,	a chicken.
en Andrik,	a drake.
en And,	a duck.
en Ælling,	a duckling.
en Kalkun,	a turkey.
en Kalkunhøne,	a turkey-hen.
en Kalkunkylling,	a turkey-poult.
en Gase,	a gander.
en Gaas,	a goose.
en Gæsling,	a gosling.
en Due,	a pigeon, dove.
en Dueunge,	a young pigeon.
en Turteldue,	a turtle-dove.
en Paafugl,	a pea-cock.
en Perlehøne,	a guinea-hen.
en Svane,	a swan.
en Stork,	a stork.

en Rovfugl,	a bird of prey.
en Ørn,	an eagle.
en Ørneunge,	an eaglet.
en Falk,	a falcon.
en Høg,	a hawk.
en Struds,	an ostrich.
en Grib,	a vulture.
en Fasan,	a pheasant.
en Hejre,	a heron.
en Urhane,	a heath-cock, (black-cock.)
en Ravn,	a raven.
en Trane,	a crane.
en Gøg,	a cuckoo.
en Skovsneppe,	a wood-cock.
en Bekkasin,	a snipe.
en Kramsfugl,	a fieldfare.
en Hjerpe,	a grouse.
en Vagtel,	a quail.
en Vibe,	a lapwing, pewit.
en Gjerdesmutte,	a wren.
en Agerhøne,	a partridge.
en Krage,	a crow.
en Blaaraage,	a rook.
en Papegöje,	a parrot.
en Skade,	a magpie.
en Træpikker,	a wood-pecker.
en Strandmaage,	a gull, mew.
en Vipstjert,	a wag-tail.
en Ugle,	an owl.
en Steenugle,	a horned owl.
en Ugleunge,	an owlet.
en Skovskade,	a jay.
en Allike,	a jackdaw.
en Uvejrsfugl, Stormsvale,	a petrel, storm-bird.
en Rødhals,	a redbreast.
en Brokfugl,	a plover.

en Sangfugl,	a singing bird.
en Nattergal,	a nightingale.
en Kanarifugl,	a canary.
en Irisk,	a linnet.
en Sisgen,	a greenfinch.
en Bogfinke,	a chaffinch.
en Drossel,	a blackbird.
en Stillits,	a goldfinch.
en Lærke,	a lark.
en Svale,	a swallow.
en Spurv,	a sparrow.
en vild Fugl,	a wild bird.
en Fugleunge,	a young bird.
Fjerene (c),	the feathers.
Næbbet,	the beak.
Kløerne (c),	the claws.
Vingerne (c),	the wings.
Fuglevildt.	wild-fowl.

Fisk.   *Fishes.*

En Fisk,	a fish.
en Stør,	a sturgeon.
en Rokke,	a scate.
en Haj,	a shark.
en Kabliau,	a haddock.
en Torsk,	a cod.
en Flynder,	a flounder.
en Rødspætte,	a plaice.
en Tunge,	a sole.
en Pigvar,	a turbot.
en Lax,	a salmon.
en Ørret,	a salmon-trout.
en Forelle,	a trout.
en Karpe,	a carp.
en Gjede,	a pike.
en Makrel,	a mackerel.

en Hvidling,	a whitiug.
en Suder,	a tench.
en Brasen,	a bream.
en Aborre,	a perch.
en Sild,	a herring.
en Aal,	an eel.
en Niøjne, Lampret,	a lamprey.
en Rudskalle,	a roach.
en Skalle,	a bleak.
en Smelt,	a smelt.
en Hundestejle,	a stickleback.
en Smerling,	a loach.
en Hummer,	a lobster.
en Krabbe,	a crab.
en Krebs,	a cray or craw-fish.
en Reje,	a shrimp.
en Østers,	an oyster.
en Landskildpadde,	a tortoise or turtle.
en Havskildpadde.	a turtle.

Krybdyr og Insekter.   *Reptiles and insects.*

Et Amfibium,	an amphibious animal.
en Krokodille,	a crocodile.
en Slange,	a serpent.
en Odderslange, Hugorm,	an adder.
en Øgle,	a viper.
en Fiirbeen,	a lizard.
en Snog,	a snake.
en Skorpion,	a scorpion.
en Snegl,	a snail, slug.
en Skrubtudse,	a toad.
en Blodigle,	a leech.
en Orm,	a worm.
en Frø,	a frog.
en Silkeorm,	a silk-worm.
en Kaalorm, Larve,	a caterpillar.

en Faarekylling,	a cricket.
en Sommerfugl,	a butterfly.
en Puppe,	a chrysalis or nymph.
en Gedehams,	a wasp.
en Bi,	a bee.
en Hanbi,	a drone.
en Arbejdsbi,	a working-bee.
Dronningen,	the bee-queen.
en Bikube,	a bee-hive.
en Myg,	a gnat.
en Græshoppe,	a locust, grasshopper.
en Oldenborre,	a chafer.
en Skarnbasse,	a beetle.
en Edderkop,	a spider.
en Flue,	a fly.
en Spyflue,	a blue-bottle.
et Møl,	a moth.
en Myre,	an ant.
en Bogorm,	a book-worm.
en Mid.	a mite.

Benævnelser paa Dyrenes forskjellige Lyd.   *The different sounds of animals.*

Alle Dyr pruste,	all animals sneeze.
Løven brøler,	the lion roars.
Ulven tuder, hyler,	the wolf howls.
Oxen brøler,	the ox lows.
Hesten vrinsker,	the horse neighs.
Koen brøler,	the cow lows.
Faaret bræger,	the sheep bleats.
Svinet grynter,	the pig grunts.
Æslet skryder,	the donkey brays.
Hjorten skriger,	the stag barks.
Hunden gjøer og bjæffer,	the dog barks and yelps.
Katten miaver og spinder,	the cat mews and purs.
Ræven skriger og gjøer,	the fox barks.

Bjørnen brummer,	the bear growls.
Fuglene synge og kvidre,	the birds sing and twitter.
Nattergalen og Lærken slaae Triller,	the nightingale and the lark warble.
Droslen fløjter,	the blackbird whistles.
Spurven og Svalen kvidre,	the sparrow and the swallow twitter.
Duen kurrer,	the pigeon cooes.
Hanen galer,	the cock crows.
Hønen klukker,	the hen clucks.
Kyllingen piber,	the chicken chirps.
Anden og Gaasen snadre,	the duck and the goose gaggle (cackle.)
Papegøjen snakker,	the parrot talks.
Ravnen skriger,	the raven croaks.
Fluen summer,	the fly hums.
Slangen hvisler,	the serpent hisses.
Frøen kvækker.	the frog croaks.

Metaller, Ædelstene og Mineralier.	*Metals, precious stones and minerals.*
Guld (n),	gold.
Sølv (n),	silver.
Kobber (n),	copper.
Tin (n),	tin.
Jern (n),	iron.
Bly (n),	lead.
Kviksølv (n),	quicksilver.
Zink (n),	zinc.
Platina (n),	platina.
Messing (n),	brass.
Bronse (c),	bronze.
en Diamant,	a diamond.
en Ametyst,	an amethyst.
en Karneol,	a cornelian.
en Granat,	a garnet.

en Smaragd,	an emerald.
en Jaspis,	a jasper.
en Topas,	a topaz.
en Rubin,	a ruby.
en Agat,	an agate.
en Koral,	a coral.
en Hyacint,	a hyacinth.
en Safir,	a sapphire.
en Tyrkis,	a turkoise.
en Opal,	an opal.
Marmor (n),	marble.
Alabast (c),	alabaster.
Malakit (c),	malachite.
en Sandsteen,	a sandstone.
en Skifersteen,	a slate.
en Ædelsteen.	a precious stone.

Planter, Plants.

Havevæxter, Træer og Blomster. — *Vegetables, trees and flowers.*

Kornsorter,	kinds of corn.
Rug (c),	rye.
Hvede (c),	wheat.
Byg (n),	barley.
Havre (c),	oats.
Ærter (c),	peas.
Vikker (c),	vetches.
Lindser (c),	lentils.
Bönner (c),	beans.
tyrkiske Bönner (c),	kidney-beans.
en Kartoffel,	a potato.
en Rod,	a root.
en Gulerod,	a carrot.
en Hvideroe,	a turnip.
en Rødbede,	a beet-root.

Kaal, Grønkaal (c),	cabbage.
Hvidkaal (c),	white cabbage.
Blomkaal (c),	cauliflower.
Kaalrabi (c),	rape-cole.
Peberrod (c),	horse-radish.
Asparges (c),	asparagus.
Ærteskokker (c),	artichokes.
Spinat (c),	spinach.
Syre (c),	sorrel.
en Pastinakrod,	a parsnip.
Petersille (c),	parsley.
Seleri (c),	celery.
et Purløg,	a leek.
et Hvidløg,	garlick.
et Løg,	an onion.
Chalotter,	shalots.
en Agurk,	a cucumber.
Sylteagurker,	pickled-cucumbers.
Salat (c),	salad.
Endiven,	endive.
Laktuk (c),	lettice.
Trøfler (c),	truffles, mushrooms.
en Paddehat, Champignon,	a mushroom.
Krusemynte (c),	mint.
Merian (c),	marjoram.
Timian (c),	thyme.
Salvie (c),	sage.
Karse (c),	cress.
Radiser (c),	radishes.
Brøndkarse (c),	water-cresses.
Kummen (c).	cummin.

et Frugttræ,	a fruit-tree.
et Æbletræ,	an apple-tree.
et Kirsebær,	a cherry.
en Blomme,	a plum.
en Abrikos,	an apricot.

en Fersken	a peach.
en Kvæde,	a quince.
en Melon,	a melon.
en Mispel,	a medlar.
Viindruer (c),	grapes.
en Mandel,	an almond.
en Appelsin, } en Pomerants, }	an orange.
en Citron,	a lemon.
en Kastanie,	a chesnut.
en Daddel,	a date.
en Valnød,	a walnut.
en Hasselnød,	a hazelnut, filbert.
et Jordbær,	a strawberry.
et Himbær,	a raspberry.
et Stikkelsbær,	a gooseberry.
et Solbær,	a black-currant.
et Ribs, Ribsbær,	a currant.
et Brombær,	a blackberry.
et Morbær,	a mulberry.
et Blaabær,	a bilberry.
et Hyldebær,	an elderberry.
et Tyttebær,	a red whortleberry.
et Tranebær,	a craneberry, moorberry.

En Eg, et Egetræ,	an oak.
en Bøg, et Bøgetræ,	a beech.
en Birk, et Birketræ,	a birch.
et Elmetræ,	an elm.
et Elletræ,	an alder.
en Poppel,	a poplar.
en Lind,	a lime.
en Gran,	a pine.
en Fyr,	a fir.
en Ask,	an ash.
en Piil,	a willow.
en Valbirk,	a maple.
et Lærketræ,	a larch.

en Akasie,	an acacia.
et Espetræ,	an aspentree.
en Avnbøg,	a hornbeam.
et Kastanietræ,	a chesnut.
et vildt Kastanietræ,	a horse-chesnut.
et Cedertræ,	a cedar.
en Platan,	a plane.

En Rose,	a rose.
en Lilie,	a lily.
en Nellike,	a pink.
en Fiol,	a violet.
en Hyacint,	a hyacinth.
en Avrikel,	an auricula.
en Tulipan,	a tulip.
en Levkoj,	a stock.
en Gyldenlak,	a wallflower.
en Forglemmigej,	a forget-me-not.
en Syrén,	a lilac.
en Narcisse,	a daffodil.
en Kaprifolium,	a honey-suckle.
en Jasmin,	a jasmine.
en Fjernellike,	a sweet William.
en Ridderspore,	a lark-spur.
en Solsikke,	a sun-flower.
en Tusindfryd,	a daisy.
en Kameelblomst,	a camomile-flower.
en Kodrive,	a cowslip.
en Morgenfrue,	a marigold.
en Anemone,	an anemone.
en Valmue,	a poppy.
en Kornblomst,	a corn-flower.
en Engblomst,	a meadow-flower.
en Evighedsblomst,	an everlasting-flower, a goldylocks.

en Bregne,	a fern.
en Nelde,	a nettle.
en Tidsel,	a thistle.

Buxbom,	box.
en Pintselilie,	a daffodil.
en Paaskelilie.	a yellow daffodil.

Om Byen og hvad dertil hører.
Of the town and what belongs to it.

En By, Stad,	a city.
en Hovedstad,	a metropolis, a capital.
En Forstad,	a suburb.
Indvaanerne,	the inhabitants.
Stadens Mure,	the walls of the town.
Voldene,	the ramparts.
Portene,	the gates.
en Gade,	a street.
et Stræde,	a lane.
et Torv,	a market-place.
en fri Plads,	a square.
et Fortov,	a foothway.
Steenbroen,	the pavement.
en Bygning,	an edifice.
et Sogn,	a parish.
en Kirke,	a church.
Taarnet,	the steeple.
Spiret,	the spire.
Klokkerne,	the bells.
Sakristiet,	the vestry.
Prædikestolen,	the pulpit.
en lukket Stol i Kirken,	a pew.
Kirkegaarden,	the churchyard.
et Kapel,	a chapel.
Universitetet,	the University.
et Bibliothek,	a library.
Børsen,	the exchange.
Raadhuset,	the town-hall.
Posthuset,	the post office.
Mønten,	the mint.

Banken,	the bank.
en Privatbank,	a private bank.
et Aviskontor,	a newspaper-office.
en Bod, Butik,	a shop.
en Boglade,	a bookseller's shop.
Retssalen,	the court of justice.
Politikammeret,	the police-office.
Stjernetaarnet,	the observatory.
Ridebanen,	the riding-school.
Toldboden,	the custom-house.
Skuespilhuset,	the theatre.
Töjhuset,	the arsenal.
Dokken,	the dockyard.
Havnen,	the harbour.
et Værft,	a wharf.
en Landingsplads,	a landing-place, a quay.
et Badehuus,	a bathing-house.
en Bro,	a bridge.
en Vindebro,	a draw-bridge.
Sluserne,	the sluices.
en Brønd,	a well.
en Kilde,	a spring, fountain.
en Vandledning,	an aqueduct.
en Kanal,	a canal.
Bolværket,	the bulwark.
en Apothekers Udsalg,	an apothecary's shop.
et Hospital, Sygehjem,	a hospital.
en Stiftelse for Forældreløse,	a hospital for orphans.
en Stiftelse for Hittebørn,	a foundling hospital.
et Bogtrykkeri,	a printing-office.
et Slot,	a palace, castle.
Slotsgaarden,	the palace court-yard.
et Fængsel,	a prison.
et Tugthuus,	a house of correction.
en Kaserne,	a barrack.
Hovedvagten,	the main guard.

Exerceerpladsen,	the parade.
et Hotel, Gjæstgiversted,	a hotel.
et Spisehuus,	a dining-house.
et Kaffehuus,	a coffee-house.
et Konditori,	a confectioner's shop.
et Viinhuus,	a tavern.
en Ølhalle,	an ale-house.
et Beværtningssted,	a public-house.
et Værtshuus,	an inn.
Forfriskninger,	refreshments.
møblerede Værelser.	furnished apartments.
umøblerede Værelser,	unfurnished apartments.
en Flyttedag,	a removal-day.
en Skole,	a school.
en Læreanstalt, höjere Skole,	a college.
et Arbejdshuus,	a work-house.
en Rendesteen.	a sewer, kennel.

Om Landet og hvad dertil hører. — *Of the country and the objects met with there.*

Et Landgods,	an estate.
en Borg, et Slot,	a castle.
en Herregaard,	a manor-house, Lord's seat.
et Landsted,	a country house, villa.
en Avlsgaard,	a farm.
en Forpagtning,	a rented farm.
Forpagtningstiden,	the lease.
en Mølle,	a mill.
et Møllehjul,	a mill-wheel.
en Møllesteen,	a mill-stone.
en Vandmølle,	a water-mill.
en Vindmølle,	a wind-mill.
en Savmølle,	a saw-mill.
en större Landsby,	a village.

en mindre Landsby,	a hamlet.
en landlig Bolig,	a cottage.
en Hytte,	a hut.
en Skov,	a wood, forest.
en Park,	a park.
en Lund,	a grove.
en Have,	a garden.
en Køkkenhave,	a kitchen-garden.
en Frugthave,	an orchard.
en Mark,	a field.
en Ager,	arable land.
en Eng,	a meadow.
en Græsgang,	a pasture.
en Brakmark,	a fallow-field.
en Höj, Bakke,	a hill.
en skovklædt Bakke,	a wooded hill.
en Dal,	a valley.
en Slette,	a plain.
en Skrænt,	a declivity, steep.
en Skraaning,	a slope.
Græsset,	the grass.
Grönsværet,	the verdure.
Ukrud,	weeds.
frugtbar Jord,	fertile land.
Brakjord,	fallow-land.
ufrugtbar Jord,	barren-land.
Marskland,	marsh.
en Stubmark,	a stubblefield.
en Hede,	a heath.
en Dam,	a pool, pond.
en Mose,	a moor.
en Fure,	a farrow.
en Sti,	a path.
et Gjærde,	a hedge.
en Grøft,	a ditch.
Sand,	sand.
Gødning,	manure, dung.

en Sump, et Morads,	a mire, bog, fen.
et Indelukke,	an inclosure.
et Træ,	a tree.
en Busk,	a bush.
Krat,	shrubs.
Høsten,	the harvest.
Høstfolkene,	the reapers.
en Lee,	a sithe.
en Plejel,	a flail.
en Plov,	a plough.
en Hakke,	a hoe.
en Rive,	a rake.
en Spade,	a spade.
en Segl,	a sickle,
en Høgaffel,	a hay-fork.
et Skaar,	a swath.
et Neg,	a sheaf.
Halm,	straw.
Avner,	chaff.
Hø,	hay.
en Høstak,	a hay-stack.
en Lade,	a barn.
en Smede,	a forge.
en Kvæghjord,	a herd of cattle.
en Faarehjord.	a flock of sheep.

Jagt og Fiskeri.   *Field-sports and fishing.*

Jagtredskaber,	sporting-equipage.
Skyden,	shooting.
en Jæger,	a hunter.
en Jagtelsker,	a sportsman.
en Bøsse,	a gun.
en Riffel,	a rifle.
en dobbeltløbet Bøsse,	a double-barrel.
en Fuglebøsse,	a fowling-piece.

en riflet Kugle,	a rifle ball.
Ladestokken,	the ramrod.
Kolben,	the butt-end.
Laasen,	the lock.
Aftrykkeren,	the trigger.
Fænghullet,	the touch-hole.
Skaftet,	the stock.
Hanen,	the cock.
Krudt,	powder.
et Krudthorn,	a powder-case, flask.
Hagl,	shot, small shot.
et Jagthorn,	a bugle-horn, bugle.
en Jagttaske,	a game-bag.
Vildt,	game, venison.
en Snare,	a springe, snare.
Sporet,	the track.
Lugten,	the scent.
Jagtskriget,	the whooping.
en Vildttyv,	a poacher.
en Fuglefænger,	a bird-catcher.
Fiskefangst,	fishing.
Fiskeredskaber,	fishing-tackle.
en Medestang,	a fishing-rod.
en Fiskesnøre,	a line.
en Medekrog,	a fish-hook.
et Fiskenet,	a net.
Mading,	bait.
en Fiskedam.	a fish-pond.

Klædedragten. — *The dress.*

Herreartikler. — *Gentlemen's dress.*

En Frakke,	a frock-coat.
en Overfrakke,	an over-coat.
en Slængkappe,	a spanish cloak.
en Regnkappe,	a waterproof-cloak.
en Kjole,	a dress-coat.
Ærmerne (n),	the sleeves.
Lommerne (c),	the pockets.
Knapperne (c),	the buttons.
et Knaphul,	a button-hole.
Underforet,	the lining.
Kraven,	the collar.
Kjoleskødet,	the skirt.
Opslaget,	the cuffs.
en Slaabrok,	a dressing-gown.
en Hat,	a hat.
en Hue,	a cap.
et Halstörklæde,	a neck-cloth.
en Krave,	a cravat.
Flipper (c),	collars.
Beenklæder (pl.),	trousers.
Underbeenklæder (c),	drawers.
Seler (c),	braces.
en Vest,	a waistcoat.
Strømper (c),	stockings.
Sokker (c),	socks.
Gamascher (c),	gaiters.
Stövler (c),	boots.
Halvstövler (c),	half-boots.
Skoe (c),	shoes.
Morgenskoe (c),	slippers.
et Stykke Herrelinned,	a shirt.
Handsker (c),	gloves.
et Lommetørklæde,	a pocket-handkerchief.
en Paraply,	an umbrella.
en Spadserestok,	a walking-stik.

Briller (c),	spectacles.
en Børste,	a brush.
en Kam,	a comb.
en Tandbørste,	a tooth-brush.
Tandpulver (n),	tooth-powder.
et Uhr,	a watch.
en Uhrnøgle,	a watch-key.
en Uhrkjæde,	a watch-chain.
en Stadsklædning,	a court-dress.
en Sörgedragt.	a mourning-dress.

Dameartikler. — Female dress.

Klædedragten,	The dress.
en Kjole,	a gown.
Nederdelen,	the skirt.
Livet,	the body.
Ærmerne,	the sleeves.
et Skört,	a petticoat.
et Underskørt,	an under-petticoat.
et Livstykke, Snørliv,	stays.
Blanchetten,	the busk.
et Stykke Damelinned,	a chemise.
et Snørebaand,	a lace.
et Forklæde,	an apron.
en Kaabe,	a mantle.
en Pelskaabe,	a fur coat.
et Baand,	a string, ribbon.
et Slør,	a veil.
Baand, pl. (n),	ribbons.
en Hat,	a bonnet.
en Kappe,	a cap.
en Haarpynt,	a head-dress.
en Fjer,	feathers.
Kniplinger,	lace.
en Vifte,	a fan.
en Muffe,	a muff.

Pelsværk (n),	fur.
et Lommetörklæde,	a pocket-handkerchief.
Knappenaale (c),	pins.
en Trækkenaal,	a bodkin.
Synaale (c),	needles.
Hægter og Maller (c),	hooks and eyes.
Haarnaale (c),	hair-pins.
en Naalepude,	a pin-cushion.
et Naalehuus,	a needle-case.
en Haarfletning,	a braid, plait of hair.
Krøller (c),	curls, ringlets.
Haarolie (c),	hair-oil.
Mandelklid (n),	almond-paste.
Pomade (c),	pomatum.
vellugtende Sager (c),	scents.
en Natkjole,	a night-gown.
en Arbejdspose,	a reticule, bag.
en Lugteflaske,	a smelling-bottle.
en Æske,	a box.
Smykker (n),	jewellry.
et Armbaand,	a bracelet.
et Halsbaand,	a neck-lace.
Ørenringe (c),	ear-rings.
en Brystnaal,	a brooch, breast-pin.
en Perlesnor,	a string of pearls.
et Livbelte,	a sash, belt.
en Bæltelaas,	a clasp.
en Slöife,	a bow, knot.
et Halstörklæde,	a neckerchief.
en Regnskærm, Paraply,	an umbrella.
en Solskærm, Parasol.	a parasol.

Lærde, Videnskabsmænd og Kunstnere.	Literary and professional men, and professors of the fine arts.
Gejstligheden,	the clergy.
en Biskop,	a bishop.
en Stiftsprovst,	the dean of a diocese.
en Provst,	a dean.
en Præst,	a priest.
en Sognepræst,	a rector, parson.
en Kapellan,	a curate, vicar.
en Kateket,	a catechist.
en Gejstlig,	a clergyman.
Paven,	the pope.
en Kardinal,	a cardinal.
en Erkebiskop,	an archbishop.
en Legat,	a legate.
en Abbed,	an abbot.
en Retslærd,	a lawyer.
en Advokat,	an advocate, a barrister.
en Sagfører,	an attorney.
en Læge,	a physician, a medical man.
en Saarlæge,	a surgeon.
en Tandlæge,	a dentist.
en Kemiker,	a chemist.
en Naturkyndig,	a natural philosopher.
en Naturforsker,	a naturalist.
en Mineralog,	a mineralogist.
en Stjernekyndig,	an astronomer.
en Mathematiker,	a mathematician.
en Historiker,	a historian.
en Sprogkyndig,	a linguist.
en Sproggrandsker,	a philologist.
en Sproglærer,	a language-master, teacher.
en Bibliothekar,	a librarian.
en Digter,	a poet.
en Forfatter,	an author.

en Forlægger,	a publisher.
en Skolelærer,	a school-master.
en Kunstner,	an artist.
en Tegner,	a drawer.
en Maler,	a painter.
en Billedhugger,	a sculptor.
en Bygmester,	an architect.
en Dandselærer,	a dancing-master.
en Fægtemester,	a fencing-master.
en Ridelærer,	a riding-master.
en Berider,	a horsebreaker, trainer of horses.
en Landmaaler,	a surveyor.
en Steentrykker,	a lithographer.
en Kobberstikker.	an engraver.

Handlende og Haandværkere. — *Tradesmen and men of business.*

En Apotheker,	an apothecary, chymist.
en Materialist,	a druggist.
en Grosserer,	a wholesale-dealer.
en Købmand,	a merchant.
en Handelsmand,	a tradesman.
en Bankør,	a banker.
en Vexelerer,	a money-changer.
en Boghandler,	a bookseller.
en Papirhandler,	a stationer.
en Silke-Klædehandler,	a silk-mercer.
en Linnedhandler,	a linen-draper.
en Klædehandler,	a cloth-merchant.
en Klædefabrikør,	a cloth-manufacturer.
en Musikhandler,	a music-seller.
en Modehandler,	a milliner.
en Spejlfabrikant,	a looking-glass manufacturer.
en Jernhandler,	an ironmonger.

en Fiskehandler,	a fish-monger.
en Brændehugger,	a wood-cutter.
en Frugthandler,	a fruit-dealer, fruiterer.
en Tobakshandler,	a tobacconist.
en Viinhandler,	a wine-merchant.
en Grönthandler,	a green-grocer.
en Mægler,	a broker.
en Høker,	a cheese-monger.
en Brygger,	a brewer.
en Bager,	a baker.
en Sukkerbager,	a confectioner.
en Urtekræmmer,	a grocer.
en Viinkyper,	a wine-cooper.
en Møller,	a miller.
en Farver,	a dyer.
en Barbeer,	a barber.
en Skræder,	a tailor.
en Snedker,	a joiner.
en Bødker,	a cooper.
en Drejer,	a turner.
en Gartner,	a gardener.
en Murer,	a bricklayer, mason.
en Slagter,	a butcher.
en Guldsmed,	a goldsmith.
en Marskandiser,	a fripperer, broker.
en Tapetserer,	an upholsterer.
en Sæbesyder,	a soap-boiler.
en Tagtækker,	a slater, tiler.
en Blikkenslager,	a tin-man.
en Kobbersmed,	a copper-smith.
en Felbereder,	a currier.
en Garver,	a tanner.
en Lysestøber,	a chandler
en Kandestøber,	a tin-potter, pewterer.
en Hjulmand,	a wheelright.
en Bissekræmmer,	a pedlar.
en Juveleer,	a jeweller.
en Forgylder,	a gilder.

en Sværdfeger,	a sword-cutler.
en Skorsteensfejer,	a chimney-sweeper.
en Reebslager,	a rope-maker.
en Grovsmed,	a black-smith.
en Knivsmed,	a lock-smith.
en Bøssemager,	a gun-smith.
en Uhrmager,	a watch-maker.
en Hattemager,	a hatter.
en Skomager,	a shoe-maker.
en Handskemager,	a glover.
en Kurvemager,	a basket-maker.
en Bundtmager,	a furrier.
en Sadelmager,	a saddler.
en Sejlmager,	a sail-maker.
en Naalemager,	a pin-maker.
en Pottemager,	a potter.
en Bogbinder,	a book-binder.
en Bogtrykker,	a printer.
en Sætter,	a compositor.
en Brevbærer,	a letter-carrier.
en Vognfabrikør,	a coach-maker.
en Hyrekudsk,	a hackney-coachman.
en Droschekudsk,	a cabdriver.
en Gjæstgiver,	a hotel-keeper.
en Opvarter,	a waiter.
en Dameskræderske,	a dress-maker.
en Linnedsyerske,	a needle-woman, seamstress.
en Modehandlerinde,	a milliner.
en Guldtrækkerske,	a gold-wire drawer, embroiderer, goldlace-manufacturer.
en Vadskerkone,	a laundress.

Huset med dets Beboere og Køkkenkar.	A house, its furniture and utensils.
En Bygning,	a building.
Muren,	the wall.
en Bolig,	a dwelling-house.
et Landsted,	a country-seat, country-house, cottage.
Muursteen,	bricks.
Teglsteen,	tiles.
Skifersteen,	slates.
Træværket,	the wood-work.
en Bjælke,	a beam.
en Lægte,	a rafter.
ulædsket Kalk (c),	quick-lime.
lædsket Kalk (c),	slaked-lime.
Muurkalk (c),	mortar.
Taget,	the roof.
en Tværbjælke,	a joist.
en Tagrende,	a spout.
et Vindue,	a window.
en Vindueskarm,	a window-frame.
en Vinduespost,	shutters.
Vinduesskodder,	a window-post
en Rude,	a pane.
en Dör,	a door.
en Dörstolpe,	a door-post.
Dörkarmen,	the door-case.
Flöjdøre (c),	folding-doors.
Hængsler (n),	hinges.
en Laas,	a lock.
en Nøgle,	a key.
en Hængelaas,	a padlock.
Portindgangen,	the doorway.
Forstuen,	the vestibule.
Klokken,	the bell.
en Skodde,	a bolt.
Gulvet,	the floor.

Loftet,	the ceiling.
Trappen,	the staircase.
et Trappetrin,	a step of the staircase.
Rækværket,	the staircase-rail.
et Stokværk,	a floor, story, flat.
Stueetagen,	the ground floor.
første, anden Sal,	first, second floor.
et Værelse, en Stue,	a room.
et Kammer,	a cabinet, chamber.
et Modtagelsesværelse,	a parlour.
en Spisestue,	a dining-room.
en Dagligstue,	a sitting-room.
en Sal,	a saloon, drawing-room.
et Soveværelse,	a bed-room.
Börnestuen,	the nursery.
et Klædekammer, } en Garderobe, }	a wardrobe.
en Kamin,	a chimney.
en Kakkelovn,	a stove.
en Hvælving,	a vault.
en Kjælder,	a cellar.
et Spisekammer,	a larder.
et Fadebuur,	a pantry.
et Køkken,	a kitchen.
et Loft,	a loft.
et Kvistkammer,	a garret.
Gavlen,	the gable.
Stalden,	the stable.
et Høloft,	a hayloft.
en Lade,	a barn.
et Vognskuur,	a coach-house.
Malerier (n),	pictures.
en Stol,	a chair.
en Lænestol,	an arm-chair.
et Bord,	a table.
et Skrivebord,	a writing-table.
en Skrivepult,	a writing-desk.

en Skammel,	a foot-stool.
en Sekretær,	a secretaire.
en Kommode,	a chest of drawers.
en Skuffe,	a drawer.
en Sofa,	a sofa.
et Skab,	a cupboard.
et Hjörneskab,	a corner cupboard.
en Pjedestal,	a pedestal.
et Spejl,	a mirror, looking-glass.
en Lysekrone,	a chandelier.
en Lysestage,	a candle-stick.
en Lampe,	a lamp.
en Lysesax,	snuffers.
en Kakkelovnskærm,	a screen.
en Ildtang,	tongs.
en Ildskuffe,	a fire-shovel.
en Ildrager,	a poker.
en Puster,	bellows.
Gardiner,	curtains.
et Gulvtæppe,	a carpet.
et Sengested,	a bedstead.
en Seng,	a bed.
en Matras,	a mattress.
en lang Pude,	a bolster.
en Hovedpude,	a pillow.
et Sengetæppe, uldent,	a blanket.
et Overtæppe,	a coverlet, counterpane.
Lagner (n),	sheets.
en Halmmatras,	a paillasse.
en Fjerdyne,	a feather-bed.
Sengeklæder (n),	bedding.
et stukket Teppe,	a quilt.
et Sengeomhæng,	a bed-curtain.
et Pudebetræk,	a pillow-case.
et Haandklæde,	a towel.
et Vadskebord,	a wash-stand.
et Vadskefad,	a basin.

en Vandkande, an ewer.
en Varmekurv. a warming-pan.

Arnestedet, the hearth.
Brændsel (n), fuel.
Brænde (n), wood.
Tørv (c), turf, heat.
Trækul, Steenkul (n), charcoal, coal.
et Riisknippe, a fagot.
Svovlstikker, lucifers, matches.
en Potte, a pot, pipkin.
en Kjedel, a kettle.
en Kasserolle, Gryde, a sauce-pan.
et Laag, a cover.
en Stegepande, a frying-pan.
en Rist, a gridiron.
en Morter, a mortar.
Støderen, the pestle.
en Sigte, a sieve.
en Spand, a bucket.
et Rivejern, a grater.
et Dörslag, a coolander.
et Hakkebræt, a trencher.
en Kaalkniv, a cleaver.
en Spækkenaal, a larding-needle.
en Trefod, a trevet.
en Kjedelkrog, a pot-hanger.
en Skumskee, a skimmer.
en Slev, a ladle.
en Tragt, a funnel.
et Stegespid, a turnspit.
et Kruus, a jug.
en Dunk, a pitcher.
en Vadskeballe, a tub.
et Strygejern. an iron, smoothing-iron.

*Om forskjellige
Gjenstande.*

*Of different
subjects.*

Rejser, Vogne o. s. v. | Of travelling, carriages etc.
At rejse udenlands, | To go abroad.
et Pas, | a passport.
et Gjæstgiversted, | an inn, an hotel.
et Skilt, | a sign.
et Posthuus, | a post-office.
et Køretöj, | a vehicle, carriage.
en Lastvogn, | a waggon.
en Karre, | a cart.
en Vogn, | a carriage.
en Vogndör, | a coach-door.
Bukken, | the box.
Tjenersædet, | the dickey.
Forsædet, | the bottom.
Bagsædet, | the back-seat.
et Hjul, | a wheel.
en Axel, | an axle.
en Hjulnav, | a nave of the wheel.
et Bidsel, | a bit.
en Tømme, | a rein.
en Töjle, | a bridle.
en Grime, | a halter.
en Sadel, | a saddle.
en Sadelknap, | a pommel of the saddle.
en Stigböjle, | a stirrup.
et Hestedækken, | a horse-cloth.
en Pidsk, | a whip.
en Jernbane, | a railway.
et Tog, | a train.
Dampvognen, | the locomotive-engine.
Dampkjedlen, | the boiler.
Stemplet, | the piston.
Krumtappen, | the crank.
Sikkerhedsklappen, | the safety-valve.
en staaende Valse, | a vertical cylinder.

en liggende Valse,	a horizontal cylinder.
en hvælvet Vej under Jorden,	a tunnel.
et Godstog,	a train of goods, or goods-train.
støbte Skinner (c),	cast iron-rails.
smedede Skinner,	wrought-iron rails.
Maskinen,	the engine.
Skuffelhjulene,	the paddles, paddle-wheels.
Hjulkassen,	the paddle-box.
Underlaget,	the chairs.
Tværlagene,	the sleepers.
Kilerne,	the pins.
Maskinføreren,	the engine-driver.
Fyrbøderen,	the stoker.
Maskinmesteren,	the engineer.
en Kuffert,	a trunk, box.
en Vadsæk,	a portmanteau, knapsack.
en Rejsepose,	a travelling-bag.
en Hatæske,	a hat-box.
Rejsegodset,	the luggage.
en Rejsedragt,	a travelling-dress.
en Rejsebillet.	a ticket.

Selskabsspil og Adspredelser.   *Games and recreations.*

En Spadseretour,	A walk.
gaae en Tour,	to take a walk.
en Køretour,	a drive.
en Ridetour,	a ride.
et Hestevæddeløb,	a horse-race.
et Bal,	a ball.
Dandsen,	dancing.
den Meddandsende, Herren, Damen,	the partner.
et Skuespil,	a play.

Sköjteløben,	skating.
Sköjter (c),	skates.
et Skakspil,	the chess.
et Skakbræt,	a chess-board.
Brikkerne (c),	chess-men.
Tavlene (n),	the squares.
Kongen,	the king.
Dronningen,	the queen.
Taarnet,	the castle.
Løberen,	the bishop.
Springeren,	the knight.
Bønderne,	the pawns.
et Spil Kort,	a pack of cards.
Spader Es,	the ace of spades.
Ruder Konge,	the king of diamonds.
Hjerter Dame,	the queen of hearts.
Kløver Knægt,	the knave of clubs.
give Kort,	to deal.
blande,	to shuffle.
tage af,	to cut.
Spillemærkerne,	the counters.
et Spil Kegler,	Ninepins.
en Keglebane,	a Ninepin-alley.
Keglerne (c),	the nine-pins.
Kuglen,	the bowl.
et Dambræt,	a draught-board.
Damspillet,	draughts.
et Billard,	billiards.
Kuglerne,	the balls.
Hullerne,	the pockets.
Stødestokken,	the cue.
Tærninger (c),	the dice.
en Fjederbolt,	a shuttlecock.
Raketten,	the battledoor.
spille Fjederbolt.	to play at battledoor and shuttledock.

Musik. — Of music.

En Musikfest,	A musical-festival.
en Konsert,	a concert.
en Sang,	a song.
Accompagnement (n),	the accompaniment.
et Fortepiano,	a piano.
en Stemmehammer,	a tuning-key.
et Strygeinstrument,	a stringed instrument.
en Fiolin,	a violin.
Buen,	the bow.
et blæsende Instrument,	a wind-instrument.
en Flöjte,	a flute.
en Fagot,	a bassoon.
en Basun,	a trombone, sackbut.
en Harpe,	a harp.
en Fioloncel,	a violoncello.
en Mundharpe,	a jew's harp.
en Pibe,	a fife.
en Tromme,	a drum.
en Skalmeje,	a shalm, pipe.
Pauker (c),	kettle-drums.

Tegne- og Skriveredskaber. — Painting & writing implements.

En Tegning,	A drawing.
et Maleri,	a picture.
en Skitse,	a sketch.
en Pensel,	a hair-pencil, brush.
et Staffeli,	an easel.
et Omrids,	an outline.
Farvetoningen,	the harmony of colours.
en Blyant,	a lead-pencil.
Farverne (c),	the colours.
Sortkridt (n),	black-chalk.
Tusk (c),	Indian-ink.

et Blyantsgjemme,	a pencil-case.
rød, blaa, guul,	red, blue, yellow,
grøn, bruun, graa,	green, brown, grey,
hvid, sort, fiolet,	white, black, violet,
purpurrød, skarlagen,	purple, scarlet,
aske-, kjødfarvet og karmosinrød Farvetone,	ash- fleshcoloured, and crimson shade of colour.
et Farvespil,	a play of colours.
en Skrivepult,	a writing-desk.
Blæk (n),	ink.
en Pen,	a pen.
en Pennepose,	a quill, pen.
Marven, Sjælen i en Pennepose,	the pith.
Splitten,	the slit.
Spidsen,	the point.
Papir (n),	paper.
et Ark Papir,	a sheet of paper.
et Omslag,	a cover.
en Konvolut,	an envelope.
en Prik,	a dot.
en Klat,	a blot.
Lak (n),	sealing-wax.
Oblater (c),	wafers.
et Signet,	a seal.
en Pennekniv,	a pen-knife.
et Blækhuus,	an ink-stand.
et Sandhuus,	a sand-box.
Strøsand,	writing-sand.
en Lineal,	a ruler.
en Tavlesteen,	a slate.
en Griffel,	a slate-pencil.
en Svamp.	a sponge.

A list of the most important geographical names of Denmark, as they are written in Danish and in English.

Kongeriget Danmark,	the kingdom of Denmark.
Østersøen,	the Baltic.
Nordsøen,	the North-Sea.
Kattegat,	the Cattegat.
Øresund,	the Sound.
Store Belt,	the Great Belt.
Lille Belt,	the Little Belt.
Sælland,	Sealand or Zealand.
Amager,	Amak.
Kjøbenhavn,	Copenhagen.
Helsingør,	Elsinore.
Frederiksborg,	Frederiksborg.
Fyen,	Funen.
Odense,	Odense.
Jylland,	Jutland.
Aalborg,	Aalborg.
Viborg,	Viborg.
Aarhuus,	Aarhuus.
Ribe,	Ribe.
Slesvig,	Sleswik.
Als,	Alsen.
Sønderborg,	Sonderborg.
Augustenborg,	Augustenborg.
Dybbøl,	Dybbol.
Ærø,	Æro.
Lolland,	Lolland.
Falster,	Falster.
Møen,	Möen.
Bornholm,	Bornholm.
de Danske.	the Danes.

Samtaler
(Dialogues).

Ved at aflægge Besøg.	*Paying a visit.*
Er Hr. A. hjemme?	Is Mr. A. at home?
Jeg troer det. Tör jeg spörge om Deres Navn.	I believe he is. May I ask your name?
Her er mit Kort.	Here is my card.
Vil De behage at træde ind. (Vær saa god at træde ind.)	Walk in, if you please. (Please, walk in.)
Undskyld, min Herre. (Jeg beder Dem undskylde mig).	Excuse me, Sir. (I beg you to excuse me.)
Vil De gjöre mig den Tjeneste.	Will you do me the favour.
Bi lidt. Vent et Öjeblik.	Wait a moment.
Jeg skal strax være hos Dem.	I shall be with you in a moment.
Godmorgen, min Ven!	Good morning, my friend.
Godmorgen, Godmorgen!	Good morning, good morning!
Tör jeg ulejlige Dem et Öjeblik.	May I trouble you for a moment.
Jeg beder tusinde Gange om Forladelse at jeg forstyrrer Dem.	Excuse my troubling you, Sir, (I beg you a thousand pardons.)
Tör jeg tro mine Öjne!	May I believe my eyes.
Det glæder mig at see Dem.	I am delighted to see you.
Hvor kommer De fra?	Where do you come from?
De har valgt Deres Tid vel.	You have chosen your time well.
De ønsker at tale med mig?	You wish to speak to me?

Jeg maa nødvendigviis tale med Dem.	I urgently want to speak to you.
Jeg staaer til Deres Tjeneste.	I am at your service.
Gjerne! Hvad ønsker De?	With pleasure; What do you want?
Jeg venter kun Deres Befalinger.	I am waiting your commands.
Jeg er Dem meget forbunden.	I am very much obliged to you.
Jeg takker Dem for Deres Artighed.	I am very much obliged for your kindness.
Hvor det er venligt af Dem!	You are very kind.
Hils Deres Moder venligt. (Hils Deres Fru Moder.)	Remember me to your mother. (My compliments to Mrs. A., to your mother).
Jeg beder Dem hilse Deres Bedstefader.	Will you give my kind regards to your grandfather.
Jeg takker!	Certainly.
Jeg takker skyldigst!	I thank you very much.
Glem ikke, at det altid vil være mig en Fornöjelse at see Dem.	Remember, it always gives me great pleasure to see you.
Farvel! Levvel!	Good bye.

A. Hvorledes befinder De Dem?

B. Tak, jeg har det godt, og De?

A. Jeg er lidt forkølet.

B. Behag at tage Plads. (Vil De ikke tage Plads — sidde?) Er De ikke træt?

A. How do you do?

B. Thank you, I am quite well, and you?

A. I am suffering from a cold.

B. Pray sit down; Are you not fatigued?

A. Aldeles ikke.
B. Hvorledes har Deres Fru Moder det?
A. Jeg takker, hun har det meget godt.
B. Og den kjære gamle Tante?
A. Hun er kun ringe (hun er meget lidende). Hosten er vedholdende, og hendes Helbred er i det Hele taget, op og ned.
B. Hun er ikke længer ung.
A. Hun er halvfjersindstyve Aar.
B. Virkelig! Hun seer ikke ud til at være saa gammel.
A. Om to Maaneder fylder hun et og halvfjersindstyve Aar.
B. Jeg har anseet hende for at være ti Aar yngre.
A. Skinnet bedrager saa ofte. Min Bedstefader er kun fire og tresindstyve Aar, har en stærk Natur og seer dog ældre ud end min kjære Tante.
B. Deres Hr. Fader kommer vel snart tilbage?
A. Det kommer an derpaa! Nu maa jeg anbefale mig.
B. Det har glædet mig meget at see Dem. Glem

A. No, not at all.
B. How is your mother? (Mrs. A.)
A. Pretty well. I thank you.
B. And your dear old aunt?
A. She is but poorly. Her cough is very troublesome and her state of health is uncertain.
B. She is not longer young.
A. She is seventy years of age.
B. Indeed, she does not appear to be so old.

A. In two months she will be seventy one years old.
B. I took her to be ten years younger.

A. Appearances often deceive. My grandfather is only sixty-four years old and has a strong constitution, but he nevertheless looks older than my dear aunt.
B. Your father will soon be back, I hope?
A. It depends upon circumstances. Now I must wish you good bye?
B. I am very glad to have seen you. Remem-

ikke, at jeg er Deres Hr. Faders gamle Ven, og Deres Gudfader.

A. Nej, det kan De være rolig for! Farvel!

B. Vil De ringe, dersom Tjeneren ikke er i Forstuen, saa kommer han strax.

ber, that I am an old friend of your father, and your godfather.

A. Certainly; You are very kind, good bye.

B. Pray, ring the bell if the servant is not in the hall, and he will attend you directly.

At rejse udenlands.

A. Vil De rejse i Udlandet denne Sommer?

B. Ja, vi ere tilsinds at rejse i det nordlige Evropa. Har De Lyst til at følge med?

A. Stor Lyst isandhed, dersom Tiden til den paatænkte Afrejse stemmer med mine Forretninger.

B. Vi tænke at forlade England om fjorten Dage.

A. Ypperligt! Det er netop til den Tid jeg ønsker at tage en Ferie. Hvor vil De opslaae Deres Sommerlejr?

B. Vi have talt om at tilbringe et Par Maaneder ved en Søkyst i Danmark.

Going abroad.

A. Do you think of going abroad this year?

B. To be sure, we intend to go to the North of Europe. Will you go with us?

A. I should be happy to do so, if the time of your departure will suit my business arrangements.

B. I believe we shall leave England in a fortnight.

A. What a fortunate thing! it is just the time when I shall take my holydays. Where shall you stay during the summer?

B. We intend to stay for some months at the sea-side in Denmark.

A. Ved hvilken Søkyst, om jeg tör spörge?
B. Sandsynligviis ved Øresund.
A. Er De vis paa at finde et godt og hensigtsmæssigt Badested?

B. Ja, ganske vis derpaa! En dansk Kunstner, der for Öjeblikket opholder sig i London, har talt om flere.
A. Kjender De Navnene paa dem?
B. Jeg husker, at han har nævnet to: Marienlyst og Klampenborg.
A. Og man kan have det hyggeligt der?

B. Derfor har han givet sit Ord. Saavidt jeg kan forstaae, er Marienlyst det mest anbefalelsesværdige Sted, fortrinsviis hvad Hygge angaaer.
A. Hvor langt er det fra Kjøbenhavn?
B. Omtrent fem og tyve engelske Miil.
A. Og Klampenborg?
B. Kun fem til sex Miil.
A. Ere disse de eneste Badeanstalter ved Sundet?

A. At what Danish sea-coast, pray?
B. I think on the Sound.
A. Do you believe there are some good and comfortable bathing-places?

B. Yes, I am quite sure. A Danish artist, for the moment in London, told me there are several.
A. Do you know the names of some of them?
B. I remember the names of Marienlyst and Klampenborg.

A. And may we expect to find ourselves comfortable there?
B. I have his word for it. As far as I understand, Marienlyst is the best spot as far as comfort is concerned.

A. How far is it from Copenhagen?
B. About twenty five English miles.
A. And Klampenborg?
B. Is only five or six miles.
A. Are these two the only bathing-establishments on the Sound?

B. Saavidt jeg veed; men min danske Ven siger, at Kysten er oversaaet med Landsteder og smaa Fiskerbyer, og at hvert Landsted og hver By er et Badested.

A. Herligt! saa have vi dog noget Valg. Troer De, at Opholdet i Danmark er meget kostbart?

B. Ikke saa dyrt som ved engelske Badesteder! Jeg har netop faaet Løfte om en Optegnelse paa nogle af de almindeligste Udgifter, hvorefter jeg foreløbig vil kunne gjöre Overslag.

A. Og hvorledes staaer det sig med Befordringsmidlerne?

B. Der er Jernbaner igjennem Sælland, der, som De veed, er Hovedøen.

A. Er det alene paa den Ø, der er Jernbaner?

B. I Jylland findes ogsaa Baner, men endnu kun i korte Strækninger, dog ville de, saavidt jeg veed, blive fuldendte der saavelsom gjennem den smukke Ø Fyen inden Aarets Udgang.

B. I think so; but my Danish friend told me that along all the coast there are villas and small fishing-towns, and that almost each villa and each little village is a bathing-place.

A. Capital, then we may make a choice. Do you think living is expensive in Denmark?

B. Not so expensive as at the sea-side in England. My friend promised me some days ago to put down some of the most common expenses, by which I may estimate, what we shall have to pay.

A. And what are the means of conveyance?

B. There are railways in the island of Sealand; you know this is the main island.

A. Are there railways only on this island?

B. There are also in Jutland but -only for some short distances, but before the end of this year, I understand, more railways will be finished there, as well as in the beautiful island Funen.

A. Det hjælper os imidlertid ikke denne Sommer, dersom vi ville rejse omkring i Danmark.

B. Men det vil hjælpe os i de kommende; thi har man engang prøvet de danske Søbade og følt hvor styrkende de ere, betænker man sig ikke paa, at drage did igjen, siger en engelsk Forfatter.

A. Veed De, hvorledes det staaer sig med Dampskibsforbindelsen i Danmark?

B. Ja, den er fortrinlig; thi da Danmark tildeels er et Ørige, ere alle Dele af det, saa at sige, omslyngede af et Dampskibsnet.

A. Man kan altsaa være sikker paa at glide hen ad Øresund, naar man vil?

B. Om ikke til hvad Klokkeslet man ønsker, saa idetmindste flere Gange daglig.

A. Godt! Og hvorledes ere Dampbaadene?

B. Det er naturligviis Smaadampere!

A. Mindre end de, der

A. This will not help us this summer, if we intend to travel about Denmark.

B. But it will be profitable to us next year, and an English author says, that the Danish sea-baths once tried and their invigorating qualities felt, nobody will hesitate to go there again.

A. Do you know anything about the arrangements of steamers in Denmark?

B. To be sure. The arrangements are capital, for as Denmark partly consists of islands, every part of it is encircled with a network of steamers.

A. And we can glide on the surface of the Sound whenever we like to do so?

B. If not at any hour, at least several times in the day.

A. Well, and how are the steamboats?

B. Of course, they are very small.

A. Not so large as the

daglig løbe ned ad Themsen?

B. Omtrent af samme Størrelse; men de ere gode Sejlere, troer jeg.

A. Kan en saadan Baad gaae fra Kjøbenhavn til Marienlyst i en Timestid?

B. Ingenlunde; saavidt jeg veed gaaer der to Timer med, thi Baaden maa ofte lægge an.

A. Der er vel en Landingsbro ved Marienlyst?

B. Ikke ved selve Bygningen, men i meget kort Afstand. Dampskibene lægge an ved Helsingør, neppe en halv engelsk Miil fra Marienlyst, og hvert Kvarteer gaaer der Befordring imellem de to Steder.

A. Hvorledes er Omegnen ved Marienlyst?

B. Rig paa store Naturskjönheder og historiske Minder. Jeg veed, at de sidste have ligesaa megen Tiltrækning for Dem som de første.

A. Tilvisse! Veed De Navnene paa nogle hi-

boats running along the Thames.

B. About of the same size as the penny-boats, and good boats, I understand.

A. Will these boats go from Copenhagen to Marienlyst in an hour?

B. No, if I remember, it takes two hours, as the boats stop at many places.

A. I suppose, there is a landing-pier at Marienlyst?

B. Not close to the place, but a very short distance from it. The steamers stop at Elsinore, about half an English mile from Marienlyst, and every quarter of an hour there is a conveyance between the two places.

A. How are the environs of Marienlyst.

B. Rich in natural beauties and historical monuments. I know, the last are no less an attraction for you than the first.

A. And you are right. Tell me the names of

storisk mærkværdige Steder?

B. Paa nogle faa: Kronborg kjender De jo?

A. Ellers kjendte jeg ikke den gamle Skik at betale Sundtold der, og heller ikke —

B. Hvilket?

A. Navnet paa en ung, ulykkelig dansk Dronning, för sit Giftermaal en engelsk Prindsesse. Vil De være saa god at give flere Navne?

B. Gurre i underdejlige Omgivelser, Odins Höj, Frederiksborg, Fredensborg og Søborg; disse ere de Navne, jeg kjender, men det er uden for al Tvivl, at der maa være endnu. flere.

A. Og Sverrig er jo i kort Afstand?

B. Det er bleven sagt mig, at Sundet er saa smalt der, at man tydelig kan see Husene i Helsingborg.

A. Virkelig! Hvor lang Tid tager Overfarten?

any historically remarkable spots, if you know.

B. I know some few. That of Kronborg, you know yourself.

A. Else I should not know anything about the Sound duty or about—

B. About what?

A. About a young unhappy Danish Queen, before her marriage an English princess. Some more names, please!

B. The castle of Gurre in the most charming landscape, Odins hill, Frederiksborg, Fredensborg and Søborg; these names I know, but undoubtedly there are many more interesting and remarkable places.

A. And Sweden is a very short distance off?

B. I have been told that the Sound is so narrow there, that one may see very distinctly the buildings in Helsingborg.

A. Indeed! How long does it take to cross?

B. I tyve Minuter kan man komme over.

A. Naa, det kan man tilvisse kalde Naboriger.

B. Uimodstridelig! Iblandt de mest tiltrækkende Behageligheder ved Opholdet paa Marienlyst, Klampenborg eller andet Sted ved Øresund høre de mange Sejlere, der til alle Tider drage forbi Kysten; undertiden flere hundrede paa een Dag.

A. Ja, det maa være et stolt Syn!

B. De glide med deres udspændte Sejl hen ad de rolige, milde, blaa Vande som en Flok hvide Svaner. En dejlig Himmel foroven, en tiltrækkende Havflade forneden.

A. De faaer mig til at længes efter hiin Kyst i Nord! At jeg følger med Dem, det er nu en afgjort Sag, om Gud vil.

B. Og jeg skal sörge for at faae de omtalte Oplysninger angaaende Rejseomkostningerne, för vi atter sees.

B. In twenty minutes one may run across.

A. Well! that may justly be called neighbouring states.

B. So they are! Amongst the delightful attractions at Marienlyst, Klampenborg or some other places near the Sound, are to be named the numerous vessels gliding at all times along the coast; sometimes several hundreds in one day.

A. To be sure, it must be a charming sight.

B. They glide with their expanded sails along the soft blue waters like a flock of white swans. A delightful sky above, a beautiful sea beneath them.

A. You make me long for yonder sea-side in the North, and I have quite made up my mind to go with you, please God.

B. And I will take care to get the information about travelling expenses before we meet again.

Ombord paa et Dampskib.

A. Saa, nu ere vi da omsider ombord for at krydse Nordsøen. Naar kunne vi være i Hamborg?

B. I almindelighed varer Rejsen fra 40—48 Timer.

A. Og hvorledes kommer man fra Hamborg til Kjøbenhavn?

B. Der har i mange Aar været Dampskibsforbindelse imellem Kiel paa Nordkysten af Holsteen og Korsør paa Sælland.

A. Og fra Hamborg til Kiel?

B. Bringer Banetoget os i 3 Timer 15 Minutter.

A. Hvor lang Tid tager Overfarten fra Kiel til Korsør?

B. Omtrent 6 Timer.

A. Er Korsør en större By?

B. Nej, en almindelig lille dansk Kjøbstad; men Rejserouten igjennem den er saa bekvem som mulig, thi Dampskibene lægge an lige udenfor Hotellet, og paa den anden Side af Bygningen løber Jernbanen.

On board a steamer.

A. Well, now we are at last on board to cross the North-Sea. When shall we be in Hamburgh?

B. Generally the crossing takes from 40 to 48 hours.

A. And how shall we go from Hamburgh to Copenhagen?

B. For years steamers run daily between Kiel, a town on the north coast of Holstein, and Korsoer in Sealand.

A. And from Hamburgh to Kiel?

B. The railway will carry us in 3 hours 15 minutes.

A. How long will it take to cross from Kiel to Korsoer?

B. About 6 hours.

A. Korsoer is a large town, I suppose?

B. No, one of the small Danish towns; but as a througfare it is convenient as possible, for the steamers stop opposite the hôtel »Store Belt« and at the back of the building lies the railway.

A. Herligt! Hvorledes er Hotellet!

B. Meget godt! Og den nuværende Ejer, Hr. Petersen, er en velvillig, forekommende Mand, rede til at staae enhver Rejsende bi med Raad og Daad.

A. Hvor lang Tid bruger man for at rejse fra Korsør til Kjøbenhavn?

B. Tre Timer 15 Minutter med Persontoget, og omtrent 4 Timer 30 Minutter med Godstoget.

A. Hvor lang er Afstanden?

B. Omtrent 60 engelske Miil.

A. Jeg indseer, at man kører meget langsomt med de danske Jernbaner.

B. Unægtelig; men man kører sikkert.

A. Hvad mig angaaer foretrækker jeg den engelske Hurtighed for den danske Langsomhed.

B. Jeg ogsaa, men man er aldrig sikker for sit Liv paa de engelske Jernbaner, medens et Ulykkestilfælde paa de danske er en Sjeldenhed.

A. De har faaet gode Oplysninger af Deres

A. Very good! How is the hôtel?

B. A very good one; and Mr. Petersen, the proprietor, is an obliging man, ready to assist passengers in every way.

A. How long does it take to travel from Korsoer to Copenhagen?

B. The passenger train takes 3 hours 15 minutes, and the luggage train about 4 hours 30 minutes.

A. What is the distance?

B. About 60 English miles.

A. I see that they travel very slowly on the Danish railways.

B. No doubt, but one is safe there.

A. As for me, I prefer the English quickness to the Danish slowness.

B. So I do, but one's life is never secure on the English railways; on the Danish an accident very seldom happens.

A. I dare say you have got very distinct

danske Ven, Kunstneren. Veed De ogsaa noget om Pengenes Værd i Forhold til de engelske, og om vore smaa løbende Udgifter undervejs?

B. Ja, jeg veed Besked om Alt, men nu maa jeg først see efter min Bagage og betale Overrejsen.
A. Er det ikke 2 £ paa første Plads?
B. Jo, og dersom De ønsker at betale for Kost under hele Overrejsen, kan dette skee.

A. For hvilket Beløb?
B. Tolv »shillings« omtrent 5 Rdlr. 40 β danske Penge.
A. Er Alt indbefattet deri?
B. Alle Maaltider, men Viin og Øl maa betales særskilt.
A. Troer De, at man bliver søsyg?
B. Det er umuligt at sige. Er det første Gang De rejser tilsöes?

A. Det just ikke, men jeg har aldrig för været paa saa lang en Sørejse.

information from your Danish friend. Are you acquainted with the value of the Danish coins compared with the English, and with the small current expenses of the journey?
B. To be sure; but now I must look after my luggage and pay the passage.
A. It is 2 £ for the first cabin, I know.
B. Yes, and if you wish to pay for the board during the crossing, you are allowed to do so.
A. What is the amount?
B. Twelve shillings, about 5 Rd. 40 β Danish money.
A. Everything included?
B. All the meals, but wine and ale are to be paid for extra.
A. Do you think, we shall be sea-sick?
B. It is impossible for me to tell you. Is this the first time you have been at sea?
A. Not exactly, but I have never made so long a voyage before.

B. Er De tilböjelig til Søsyge?

A. Ja! Jeg føler mig alt nu utilpas.

B. Og vi ere endnu i Havnen.

A. Men Søen gaaer höjt.

B. Jeg synes, den er meget rolig; mit Raad er ellers, at De strax gaaer tilsengs.

A. Gid jeg kunde faae en god Köje.

B. Jeg vil kalde paa Opvarteren. Han maa ogsaa bringe Dem et Glas Vand med Cognac, thi det er et ypperligt Middel paa det Punkt, De nu er.

A. . . Det forekommer mig, at Skibet nu gaaer roligere.

B. De har sovet i flere Timer og finder det maaskee saaledes, fordi De hviler godt i Deres Köje. Nu löbe vi snart ind i Elben.

A. Hvor længe vil det vare förend vi ere i Hamborg?

B. Syv til otte Timer, troer jeg.

A. Godt!

B. . . . Nu lægger Ski-

B. Are you given to sea-sickness?

A. Alas! Just now I feel unwell.

B. And we are still in the harbour.

A. But the sea is very rough.

B. Methinks, it is very calm; but I give you advice to lie down immediately.

A. If I have only a good berth.

B. I will call the steward; he must bring you a glass of brandy and water; it is a capital remedy as you now are.

A. . . . I think the motion is less.

B. You have slept for several hours and I think you find it so, because you are in the berth. We are now entering the Elbe.

A. How long will it be before we are in Hamburgh?

B. Seven or eight hours, I believe.

A. Thanks.

B. . . . Now the steamer

bet bi! Hører De, man lukker Dampen ud.

A. Overfarten var ikke saa ubehagelig som jeg troede, den skulde blive.

stops; do you hear they are letting off the steam.

A. The voyage has not been so unpleasant as I supposed.

Med Banetoget.

A. Naar vil Toget afgaae?
B. Om ti Minutter.
A. Vil De tage vore Billetter?
B. Gjerne. Maa jeg bede om to Billetter til Kiel, anden Klasse.
A. Hvorfor tager De ikke til første Klasse?
B. Fordi anden Klasse i Danmark og Tyskland er saa god som første Klasse i England.
A. Hvad koster Billetten?

B. Tre preussiske Daler; det er omtrent 9 sh.
A. Hvor megen Bagage har man frit?
B. Havtresindstyve Pund.
A. Min Bagage bestaaer af en Kuffert og en Vadsæk.
B. Og min af en Kuffert og en Hatteæske.

On the railway.

A. When will the train start?
B. In ten minutes.
A. Will you take our tickets?
B. Certainly! Please to give me two second class tickets for Kiel.
A. Why do you not take first class tickets?
B. Because second class in Denmark and Germany is as good as first class in England.
A. What does the ticket cost? (what is the prize for the ticket?)
B. Three Prussian dollars, about 9 shillings.
A. How much luggage have we free?
B. Fifty pounds weight.

A. My luggage consists of one trunk and a carpet bag.
B. And mine is a trunk and a hatbox.

NN. Stig ind, mine Herrer!
B. Nu ere vi ved den første Station.
A. Hvor lang Opholdstid er her?
B. Ti Minutter. . . . Dette er den sidste Station.
NN. Billetten, mine Herrer!
A. Ere vi allerede i Kiel?
B. Her ere vore Billetter.

A. Nu ere vi da atter i Banevogn efter at have krydset Østersøen. Hvad kostede Overfarten fra Kiel til Korsør?

B. Fire Rigsdaler.
A. Og fra Korsør til Kjøbenhavn er Betalingen, som De sagde, 3 Rd. 40 β; men jeg veed ikke hvad det udgjör i engelske Penge.
B. Det maa De lære. Jeg vil i faa Ord give Dem et klart Begreb om den danske Rigsmønt.

NN. Take your seats, gentlemen!
B. Here we are at the first station.
A. How long do we remain here?
B. Ten minutes. . . . This is the last station.

NN. Tickets, please.

A. Are we already at Kiel?
B. Here are our tickets.

A. Now we are in a carriage again after crossing the Baltic. What is the fare for the passage from Kiel to Korsoer?

B. Four Rigsdalers.
A. And from Korsoer to Copenhagen the ticket costs 3 Rd. 40 β, as you said; but I don't know what this sum is in English money.
B. I will teach you. In a few words I will tell you distinctly what the Danish coins are worth in English money.

A. Jeg takker Dem meget for denne Artighed; det er en nyttig Underviisning.

B. Seer De, i Danmark bruges kun Papir-, Sölv- og Kobberpenge.

A. Ikke Guld?

B. Kun i fremmede Mynter. — En Specie er 2 Rigsdaler, en Rigsdaler er 6 Mark, og en Mark er 16 Skilling, en halv Mark 8 β og saa fremdeles. Dette er Sölvpenge, af hvilke en Specie svarer til 4 sh. 6 d., 1 Rigsdaler til 2 sh. 3 d. 1 Mark til $4\frac{1}{2}$ d., 8 β til $2\frac{1}{4}$ d. og 4 β til 1 d.

A. Er det Alt?

B. Saa er der Papirpenge af Værdi 5 Rd., 10 Rd., 20 Rd., 50 Rd. og 100 Rd.

A. Hvormange Rigsdaler indeholdes i 1 £?

B. Ni.

A. Jeg takker; nu er jeg vis paa ikke at tage fejl af denne fremmede Mynt.

B. Det tör jeg ogsaa sige, De ikke vil.

A. Vi maae sandsynligviis have vore Kufferter gjennemsete i Toldboden.

A. I am very much obliged to you for this trouble; it will be a useful lesson.

B. In Denmark they only have paper- silver- and copper-money.

A. No gold?

B. Only in foreign coins. — A Specie is 2 Rigsdalers, a Rigsdaler contains 6 Marks (ℳ), and a Mark 16 shillings (β), half a Mark is 8 β and so on. These are silver-money, and 1 Specie is $= 4$ s. 6 d., a Daler or Rigsdaler $= 2$ s. 3 d., 1 Mark $= 4\frac{1}{2}$ d., 8 $\beta =$ $2\frac{1}{4}$ d., and 4 $\beta = 1$ d.

A. Is that all?

B. Then there are paper-notes worth 5 Rd., 10 Rd., 20 Rd., 50 Rd. and 100 Rd.

A. How many Rigsdaler is the Sovereign worth?

B. Nine.

A. Thank you! Now I dare say I shall not be mistaken in these foreign coins.

B. I dare say you will not.

A. Our luggage will be examined in the custom-house, I suppose.

B. Naturligviis.
A. Jeg har Intet uden Klædningsstykker til mit personlige Brug. Har De Noget at fortolde?
B. Ikke det Allerringeste!
NN. Behag at aabne Deres Kuffert. (De maa aabne Deres Kuffert.)
B. Saavidt jeg veed har jeg Intet at fortolde.

A. Nu kunne vi vist lukke vore Kufferter igjen. Hvor det dog varer længe förend Töjet bliver gjennemseet!
B. Ja, Folk hertillands ere ikke Hurtiglöbere. (til *N.*) Vil De sörge for, at vi faae en god Droske.

A. Til hviket Hotel skulle vi kjöre. De veed, at der er anbefalet os tre Hoteller som meget gode: Hotel d'Angleterre, Hotel Royal og Hotel Phönix.

B. Jeg tænker vi skulle kjöre til Phönix.

B. Of course.
A. I have my own wearing apparel, nothing more. Have you anything to declare?
B. Nothing whatever.

NN. Open your trunk, if you please.

B. As far as I know I have nothing to declare.

A. Now I think we may lock it again. How long it is before our luggage is examined.

B. People in this country are not quick-runners, you see. (to *N.*) Will you get us a good cab, please.
A. To which hôtel shall we go? You know, that three hôtels have been recommanded to us as very good ones: Hôtel d'Angleterre, Hôtel Royal and Hôtel Phönix.

B. Well, I think we will go to the Phenix.

I Hotellet.

A. Har De Værelser ledige?

Opvarter. Ja, Herre!

A. Vi önske en Dagligstue og to Sovekamre.

Opv. Til Tjeneste.

A. Vi kunne ogsaa tage et Sovekammer med to Senge i anden Etage, men Dagligstuen maa være i förste.

Opv. Jeg vil lade Dem vælge imellem de bedste Værelser.

A. Vil De besörge Bagagen op i Værelserne.

Opv. Öjeblikkelig, Herre!

A. Vi önske at gaae tidlig tilsengs og bede Dem lade lægge godt i Kakkelovnen.

Opv. Tilvisse!

A. Vil De være saa god at lade os vække Klokken 6.

Opv. Klokken 6?

A. Ja, vi ere morgenduelige! Klokken 8 er vor Frokosttid.

Opv. Vil De behage at sige hvad De önsker til Frokost?

A. Giv os Kaffe, Bröd, Smör og to kogte Æg med ristet Skinke.

In the hôtel.

A. Have you any rooms?

Waiter. Yes, Sir.

A. We want a sitting-room and two bed-rooms.

Wait. Very well, Sir.

A. We are willing to take a double-bedded room on the second floor, but the sitting-room must be on the first.

Wait. I will give you the choice of the best apartments.

A. Will you take the luggage to our rooms, please.

Wait. In a minute, Sir.

A. We should like to go to bed early and beg you to let us have a good fire.

Wait. Certainly.

A. Let us be called at 6 o'clock, please.

Wait. At 6 o'clock?

A. Yes, we are early risers; at 8 o'clock we shall be ready for our breakfast.

Wait. Pray, will you order your breakfast now.

A. We want coffee, bread and butter, two boiled eggs and broiled bacon.

Opv. Meget vel. Jeg skal ikke glemme det.

A. Endelig ikke Smörrebröd, men Bröd og Smör. De forstaaer mig?

Opv. Fuldkommen vel! Intet Kjöd.

A. Tak, jo lidt koldt Kjöd ville vi gjerne have.

Opv. Meget vel!

A. Kunne vi spise ved table d'hôte? og til hvilken Tid?

Opv. Klokken 3.

A. Men vi kunne vel spise efter Spiseseddel.

Opv. Som De behager.

A. Opvarter, giv mig Spisesedlen.

B. Har De ikke et Viinkort?

A. Giv os til Middag en god Kjödsuppe, en eller anden Steg, helst Bedekölle, noget Grönt, f. Ex. Kartofler, Blomkaal og Ærter, og saa velsmagende en Budding som De er istand til at lave.

Opv. Til Tjeneste, Herre! (Alt hvad De önsker, min Herre!)

A. Til Aftensmad önske vi The, koldt Kjød, Hummer, Ost, Bröd og Smör.

Wait. Wery well, Sir, I shall remember.

A. Don't give us buttered bread, pray, but bread and butter. You understand?

Wait. Perfectly. No meat?

A. Thank you, we also want some cold meat.

Wait. Very well, Sir.

A. Can we dine at table d'hôte, and at what o'clock?

Wait. At three o'clock.

A. But I suppose we can dine à la carte.

Wait. If you please.

A. Waiter, give me the bill of fare.

B. Have you no list of wines?

A. Give us for our dinner a good soup, some roast meat, a leg of mutton we prefer, some vegetables, potatoes, cauliflower and pease for instance, and as delicious a pudding as you are able to make.

Wait. You can have what you like, Sir.

A. For our supper we shall want tea, cold meat, lobster, cheese, bread and butter.

B. Vil De give os Lys af den bedste Slags.

A. Vi önske at vexle nogle Guldpenge for at faae dansk Mynt. Vil De give os deels Papirpenge, deels Sølvpenge for disse 20 £?

Opv. Öjeblikkelig, Herre!

A. Vi ville gjerne see nogle af Kjøbenhavns Mærkværdigheder; kunne vi faae en Lejetjener eller Vejviser?

Opv. Ganske vist!

A. En Mand vi kunne stole paa?

Opv. Naturligviis!

A. Hvad beregner han sig om Dagen for at ledsage os nogle Timer?

Opv. Fra 1 til 3 Rdlr., efter Tiden.

A. Han maa være nöje kjendt ikke alene med Staden men med Omegnen.

Opv. Det er han ogsaa.

A. Vi ønske at see de forskjellige Museer Kjøbenhavn er bekjendt for, og at tilbringe al den Tid der, i hvilken de ere aabne for Besøgende.

Opv. Som De behager.

A. Til hvilket kunne

B. Pray, give us some candles of the best quality.

A. We wish to have some gold changed into Danish coin. Will you change 20 sovereigns partly in Danish banknotes, partly in silver?

Wait. Immediately, Sir.

A. We wish to see some of the curiosities in Copenhagen; can we have a valet-de-place or guide?

Wait. Certainly.

A. A man to depend upon?

Wait. Of course.

A. What does he charge the day for his services?

Wait. From 1 to 3 Rigsdaler according to time.

A. He must be well acquainted not only with the town, but also with the environs.

Wait. And so he is.

A. We wish to see the different museums, Copenhagen boasts of, and to spend there the hours in which they are open to the public.

Wait. If you please, Sir.

A. To which can we

vi gaae imorgen efter Frokost? til Thorvaldsens?

Opv. Ja, Herre!

A. Naar er det tilladt at see det ethnographiske, det naturhistoriske og det oldnordiske Museum?

Opv. I Almindelighed ere de aabne fra 12—2.

B. Hver Dag?

Opv. Ja, men ikke alle de samme Dage.

A. Vi ønske ogsaa at blive bekjendte med Stadens forskjellige Bogsamlinger.

Opv. Meget vel!

A. Dernæst ville vi gjerne besøge de mærkeligste Kirker, andre offentlige Bygninger og Mindesmærker.

Opv. Lejetjeneren kjender dem alle.

A. Kunne vi see de kongelige Slotte?

Opv. Det veed jeg virkelig ikke.

A. Naar ere Malerisamlingerne aabne?

Opv. Om Morgenen, saavidt jeg veed.

A. Med Banetoget ønske vi imorgen at kjøre til Dyrehaven og derfra videre imod Nord for

go to-morrow after breakfast? to Thorwaldsens?

Wait. If you please, Sir.

A. When will it be allowed to visit the ethnological Museum, the Museum for the natural history, and that for the northern antiquities.

Wait. Generally they are open from 12 to 2.

B. Every day?

Wait. Yes, but not all on the same days.

A. And then we wish to be acquainted with the different libraries in Copenhagen.

Wait. Very well, Sir.

A. We also intend to visit the most remarkable churches, some public buildings and statues.

Wait. The guide is acquainted with them all.

A. Is it allowed to visit the Royal palaces?

Wait. I really don't know, Sir.

A. At what time are the picture-galleries open?

Wait. In the morning, I believe.

A. We intend to go by rail to the park tomorrow, from thence further on towards the North

at see smukke Egne, og omsider overnatte i Frederiksborg.

Opv. Ganske som Herren ønsker!

B. Lad os ikke glemme at tage de veldædige Anstalter og Hospitalerne i Øjesyn.

A. Og husk paa at vi gjöre en Udflugt til Amager, for at vi kunne see den Ø, der er Kjøbenhavns Køkkenhave, og Hollændernes Efterkommere, der have beholdt indtil denne Dag deres Forfædres Skikke og Nationaldragt.

B. Er denne Ø langt borte?

A. Det troer jeg ikke. Opvarter, kan De give os nogle Oplysninger om Øen Amager?

Opv. Jeg veed det virkelig ikke.

A. Hvor langt er der fra Kjøbenhavn til denne Ø?

Opv. Hvor langt der er.

A. Ja; eller hvor lang Tid vi behøve for at rejse fra dette Hotel til Amager.

to enjoy the beautiful scenery, and at last sleep at night at Frederiksborg.

Wait. Very well, Sir.

B. We must not forget to visit the benevolent institutions and the hospitals.

A. Ah! Don't forget to let us take a trip to Amager; we want to see that island, the kitchen garden of Copenhagen, and the descendents of the Dutch who retain the habits and dress of their forefathers to this day.

B. Is the island far away?

A. I don't think so. Waiter, can you tell us something about the island of Amager?

Wait. Indeed, I don't know.

A. How far away from Copenhagen is the island?

Wait. How far away?

A. Yes; or how long will it take to go from this hôtel to Amager?

Opv. Hvor lang Tid?
B. Hvor stor er Øens Omfang?
Opv. Hvor stor den er.
A. Det banker paa Døren.
B. De tager fejl, thi Dören staaer paa Klem, og jeg seer Ingen; men det ringer.
Opv. Skal jeg lukke Dören ilaas?
A. Bryd Dem ikke derom, men sig mig hellere lidt om Amager.
Opv. Gjerne, naar jeg kun vidste! — Men, banker det ikke igjen?
B. Nej, men det har nu ringet to Gange.

Opv. Det er fra Nr. 14; men den Herre maa lære at vente.
A. Lære at vente, siger De?
Opv. Om Forladelse! Jeg meente — jeg troede — det var nu om Amager! Jeg veed virkelig ikke, jeg har aldrig været der. Heldigviis kommer Hotelejeren der, han vil kunne sige Dem hvad De ønsker at vide langt bedre

Wait. How long time?
B. Of what size is the island?
Wait. Of what size the island is?
A. There is a knock at the door.
B. You are mistaken, for the door stands a-jar and nobody is to be seen, but there is a ring.
Wait. Shall I lock the door?
A. Never mind it; but tell me something about Amager, please.
Wait. Willingly, if only I knew. But is there not another knock?
B. I d'ont think so, but the bell has rung twice.

Wait. I know, it is Nr. 14; but the gentleman there must learn to wait.
A. Learn to wait, you say?
Wait. I beg your pardon! I suppose — I meant — the island of Amak, you said! Indeed, I don't know, I have never been there. Fortunately the proprietor of the hôtel is coming just now; he may be able to tell you every thing you wish to know

end jeg formaaer. De engelske Herrer ville gjerne tale med Dem, Herre!

better than I. The English gentlemen want to speak to you, Mr. King.

A. Deres Opvarter blev glad ved at see Dem, Hr. King, thi jeg er bange for at jeg satte ham i Forlegenhed ved nogle Spörgsmaal jeg henvendte til ham angaaende Øen Amager.
Hr. K. Hvorfor troer De det?
A. Fordi hans Svar kun vare en Gjentagelse af mine Spörgsmaal.
B. Uden den ringeste Oplysning.
Hr. K. Det er min fulde Overbeviisning, at han ikke var tilsinds at være uhøflig, stakkels Fyr! Men han er noget kejtet, og maaskee han slet ikke veed Noget om Øen.
A. Men idetmindste kjender han da Navnet.
Hr. K. Ja, det er vist! Jeg tör sige, han kjender ogsaa nogle »Amagerpiger«.
B. Hvad betyder det Ord?
Hr. K. Kvinder fra Øen,

A. The waiter was happy to see you, Mr. King; I am afraid he has been very much puzzled about some questions I put to him concerning the island of Amager.
Mr. K. Why do you think so, Sir?
A. Because his answers were but a repetition of my questions.
B. Without the least information.
Mr. K. I am quite sure he did not intend to be uncivil, poor fellow; but he is rather awkward, and perhaps he does not know anything about the island.
A. But he knows the name at least.
Mr. K. Of course. I dare say he also knows some »Amagerpiger.«
A. What does that word mean, please?
Mr. K. Women from

et Slags vandrende Grønthandlere.

A. Hvor forunderligt! Jeg vil være Dem meget forbunden, Hr. King, dersom De vil være saa god at fortælle mig Lidt om Øen Amager og dens Befolkning.

Hr. K. Hjertelig gjerne! Det vil være mig en Fornöjelse at give Dem al den Oplysning, jeg formaaer.

B. Jeg takker! Vær nu saa god først at sige os, om Beboerne virkelig bære en Dragt tilsvarende den, i hvilken deres frisiske Forfædre indvandrede, og om de endnu staae i Ry for Vindskibelighed som de förste Nybyggere.

Hr. K. Tilvisse. Og hvad Dragten angaaer, da er den meget klædelig.

A. Gaaer der Dampskib mellem Kjøbenhavn og Amager?

Hr. K. Ingenlunde!

B. Hvorledes kommer man da dertil?

Hr. K. Naar De en Dag spadserer ud, vil De være der i et Kvarteer.

the island, a sort of wandering greengrocers.

A. How singular. I shall be much obliged to you, Mr. King, if you will be so good as to tell me something about the island and its inhabitants.

Mr. K. Willingly! I shall be happy to give you every information as far as I am able to do so.

A. Thank you. Pray, tell us first, if the inhabitants really retain the ancient costume as worn by their Friesland forefathers, and if they maintain the same high reputation for industry as the first colonists.

Mr. K. They do; as for the dress, it is a very becoming one.

A. Do steamers run between Copenhagen and Amager?

Mr. K. Not at all.

B. How can we go thither, please?

Mr. K. If you take a walk, you will be there in a quarter of an hour.

A. Virkelig? Hvorledes er da Forbindelsen med Hovedstaden, hvorledes er Øen selv, og hvorfor have disse fremmede Folkeslag søgt et Hjem i Danmark.

Hr. K. Øen selv er flad, men rig og frugtbar, fuld af hyggelige Landsbyer og store Haver. Den staaer i Forbindelse med Kjøbenhavn ved to Broer, »Knippelsbro« og »Langebro« og en By paa Øen, der hedder »Kristianshavn«, er egentlig talt kun en Fortsættelse af Hovedstaden.

B. Men hvorfor fortalte Opvarteren os ikke dette! Det forekom mig, han sagde, at han aldrig havde været der, og dog staaer Øen i Forbindelse med Kjøbenhavn.

Hr. K. Det er almindeligt, at Folk, der staae paa et lavere Standpunkt i Livet, ikke vænne sig til at anstille Betragtninger over det, der ligger udenfor deres daglige Dont. Jeg tör nok sige, at han har været paa Kristianshavn mere

A. Indeed! What is then the communication with the metropolis, what is the island itself, and why have these foreign people sought a home in Denmark?

Mr. K. The island itself is flat, but rich and fertile, covered with comfortable farmhouses and large gardens. It is connected with Copenhagen by two bridges, »Knippelsbro« and »Langebro« and a town on the island, called »Christianshavn«, is, properly speaking, but a continuation of the metropolis.

B. But why did the waiter not tell us that? I fancy he said, I have never been there, and yet the island is connected with Copenhagen.

Mr. K. People in a low condition of life are not accustomed to reflect about things not belonging to their occupations. I dare say he has been in »Christianshavn« more than hundred times in his life, but perhaps he never has been in

end hundrede Gange i Livet, men maaskee han aldrig har været paa Amagerlandet, som det hedder, og derfor troer han, at han ikke har været paa den her nævnte Ø i Østersøen.

B. Sig os, jeg beder Dem, hvorfor og siden naar ere disse Hollændere bosiddende der, og om de ere tilsinds at forblive.

Hr. K. Ganske vist! Øen blev overdraget Nybyggerne 1516, under Kong Kristian den Andens Regjering; dette med Hensyn til siden naar? Til Svar paa hvorfor maa jeg sige, at de kunne takke Dronning Elisabeth for, at de bleve indkaldte; thi da denne Fyrstinde, der var en Søster til Kejser Karl den Femte, fandt, at Havedyrkningen var meget forsömt i Danmark, fik hun Tilladelse af den kongelige Ægtefælle, at nogle Hollændere, der vare flinke i at tilberede Ost og Smör, og fortrinsviis forstode sig paa Havedyrkning, fik Lov til at komme

the Amagerland as it is called, and therefore he does not think he has been on that island in the Baltic.

A. Will you be kind enough to tell us, why and when the Netherlanders settled there, and if they intend to remain.

Mr. K. Certainly! The island was colonized in 1516 during the reign of Christian II., so far as to when. As to why, I have to tell you, that they are indebted to the Queen Elisabeth for their invitation; for this Princess, sister of the Emperor Charles V, finding the arts of horticulture much neglected in Denmark, obtained the favour of her Royal husband, that a party of Dutchmen, who were skilful in making butter and cheese and who were especially good gardeners, were invited to Denmark to encourage

did for at opmuntre de Danske i den forsömte Kunst.

B. Undertiden møde vi paa Gaderne nogle unge Kvinder, klædte i gammeldags Dragter og bærende Kurve med Appelsiner, Æbler, Agurker o.s.v. Jeg gad vide, om det maaskee er Amagerpiger?

Hr. K. Vistnok, og disse unge Kvinder ere ret smukke.

A. Nogle af dem see godt ud, men jeg har lagt Mærke til, at flere af dem bære Præg af Slid.

Hr. K. De fleste af dem maa tilvisse ogsaa arbejde strængt.

B. Sig mig, jeg beder Dem, om Amagerboerne staae paa en venlig Fod med Kjøbenhavnerne.

Hr. K. Uimodstridelig. Hvorfor spörger Herren ellers derom?

B. Fordi Opvarteren var utilböjelig til at give os Oplysning om Øen; det var kun altfor öjensynligt.

Hr. K. Stakkels Fyr! Hans geografiske Kundskaber ere vistikke meget udstrakte. For ham ligger Amager langt borte,

the inhabitants in the neglected art.

B. Sometimes we meet in the streets with young persons dressed in ancient costume and carrying baskets of oranges, apples, cucumbers etc. I wonder, if those girls are the »Amagerpiger«.

Mr. K. They are, and the girls are rather pretty.

A. Some of them are nice-looking, but I also have seen some worn-out faces.

Mr. K. No doubt most of them are hard-working people.

B. Pray, are the inhabitants of Amager on friendly terms with those of Copenhagen?

Mr. K. Certainly; why do you ask this question?

B. Because your waiter did not like to give us any information about the island; this was but too clear.

Mr. K. Poor fellow, his geographical knowledge may not be very extensive. To him Amager is very far away,

men Kristianshavn er i hans umiddelbare Nærhed.

A. Men hvorfor bliver Øen ikke hyppig besøgt af Kjøbenhavnerne?

Hr. K. Fordi det ikke hører Moden til, at tilbringe en Fridag der.

A. Og hvorfor ikke? Jeg tör næsten sige, at der ikke er Forlystelsessteder og Forfriskningstelte nok, ingen offentlige Fornöjelser som Theatre, Tivoli, Alhambra o. s. v. Nuomstunder higer Enhver, og isærdeleshed de lavere Klasser, efter stöjende Nydelser og Lystighed.

Hr. K. Og de Danske ere ganske af dette Stof.

B. Det gjör mig ondt at høre, thi jeg har altid anseet den danske Nation for alvorlig og fremadskridende. Men Tidsalderen er jo fuld af Vanskeligheder og Fristelser, og det er ikke at undres over, om den danske Nation for Öjeblikket bringer Glemselens Bæger til Læberne.

Hr. K. Den bedre Deel

but Christianshavn is in the immediate vicinity.

A. But why is the island not frequented by the Copenhageners?

Mr. K. Because it is not fashionable to spend a holiday there.

A. And why not? I dare say, it is because there are not places of amusements and refreshment places enough, no public amusements as theatres, Tivolis and Alhambras. Now-a-days every one and the lower classes especially long for excitement and merriment.

Mr. K. And the Danes are made of this material.

B. I am sorry to hear this. The Danish nation I always looked upon as a serious and progressive race; but our age is full of difficulties and temptations, and indeed it is no wonder if the Danes for the moment put the cup of oblivion to their lips.

Mr. K. The better part

af Nationen gjör det ikke, thi det er kun altfor farligt at drikke af dette Bæger.

B. Det troer ogsaa jeg! Hvad Amager angaaer, da har jeg Lyst til at gjöre en Udflugt derud en af de förste Dage, kjøre langs med Søkysten og krydse denne »Køkkenhave« i hver Retning, faae en lille Passiar med Beboerne og glæde mig ved det smukke Landskab. Vil De være saa god at forsyne os med Vogn medens vi opholde os i Kjøbenhavn.

Hr. K. Med Fornöjelse! Men vent ikke for meget af Deres Udflugt til Amager, mine Herrer, ellers er jeg bange for De vil blive skuffet!

B. Forudsætter De det? Dersom De imidlertid ønsker at Opvarteren skal udvide sine geografiske Kundskaber angaaende Fødelandet, saa tillad ham at ledsage os, Hr. King.

Hr. K. Med Fornöjelse, min Herre! jeg takker paa hans Vegne.

of the nation will never do so, for a draught of that cup will be but too dangerous.

B. So I should think! As to the island of Amager, I should like to make an excursion there some day, to drive along the seaside and in every direction of that »kitchen-garden«, converse with the population and enjoy its beautiful scenery. Will you be so good as to provide us with a carriage during our stay in Copenhagen, Mr. King?

Mr. K. With pleasure! But don't expect too much from your trip to Amager, gentlemen, for then I am afraid you will be disappointed.

B. You think so? Well, if you wish the waiter to extend his geographical knowledge of his native land, then let him go with us, Mr. King.

Mr. K. With pleasure, and thank you, Sir, on his behalf.

A. Hvad synes De om den danske Kost?

B. Som De er jeg vant til den engelske.

Fru B. Det vil sige, at De foretrækker vore gode gamle engelske Retter og den Maade, paa hvilken vi tilberede vore Middagsmaaltider.

B. Ganske rigtig. Jeg sætter ikke Priis paa kogt Kjød som de Danske, thi ialmindelighed have vi stegte Kjødretter i vort Land, og da jeg ikke synes om de stuvede Grönsager vi faae overalt i Danmark, vilde jeg meget ofte faae et tarveligt Middagsmaaltid, dersom vi ikke fik en Oxekjød-The för Kjødet.

A. Her kaldes den Suppe, veed De, men den er godt tilberedet og har en behagelig Smag. Imidlertid foretrækker jeg vor engelske Suppe, som jeg troer man slet ikke kjender her tillands. Hvorfor mon Kokkepigen egentlig kommer de mange smaa svømmende Buddingkugler i Suppen.

Fru B. Bollerne mener

A. How do you like the Danish fare?

B. Like you I am accustomed to the English.

Mrs. B. That is to say, you prefer our old English dishes and the way in which our dinners are prepared.

B. So I do. I am not so fond of boiled meat as the Danes, for generally we have roast meats in our country, and as I don't like the vegetables stewed as we get them every where in Denmark, I should very often make a poor dinner, if it were not for the beef-tea, we take before the meat.

A. It is called soup here, you know, but it is well made and the taste is delicious. As for me I prefer however the old English soup, quite unknown in this country, I think. I wonder why the cook puts those small swimming puddingballs into the soup.

Mrs. B. The dumplings

De; de fuldstændiggjöre Suppen og paa en Maade forskjönne den, som og Gulerødderne og Seleriknopperne, der ere smukt udhugne i Stjerner og Blomster.

A. Jeg seer, De forsvarer den danske Kogekunst. Hvad siger De om Grönsagerne?

Fru B. Grönsagerne! Ja de tabe rigtignok deres oprindelige Velsmag ved en Tilsætning af kogt Melk og Meel. Vore Grönsager, f. Ex. vore Ærter, have langt behageligere Duft og en lifligere Smag; det samme er Tilfældet med vor Spinat og andre Plantevæxter, der blive kogte paa den naturlige Maade, uden dansk eller tydsk Stuvning.

B. Hvad mig angaaer, da kan jeg ikke lide disse Melkesupper, søde Supper og forskjellige Arter af »Grød«, de Danske ere vante til og holde saare meget af.

Fru B. Undtagen deres Rødgrød. Naar denne danske Nationalret bliver kjendt i England, vil den blive meget yndet og

you mean; they make a rich soup, and are in some way an embellishment as well as the carrots and celery-roots, cut into stars and flowers.

A. You defend the Danish cooking, I see. But how about the vegetables?

Mrs. B. Oh, the vegetables! They indeed lose their original flavour by the addition of boiled milk and flour. Our vegetables, pease for instance, are more delicious and have a finer flavour, the same applies to our spinage, as well as other vegetables boiled in the natural way, without the Danish or German stewing.

B. As for me, I dislike the milk-soups, sweet soups and those different sorts of Grød (grouts or groats) the Danes are accustomed to and fond of.

Mrs. B. Except their Rødgrød (red groats). Once known in England this national dish of the Danes would be much fa-

udbredt i engelske Familier, og jeg er vor forekommende Vært meget forbunden for den Opskrift paa at lave Rødgrød, han har forskaffet mig fra Kokken.

B. Hvor jeg blev forundret da Du spurgte Opvarteren, om han ikke kunde sige Dig hvorledes man laver Rødgrød. Jeg formoder, at han forudsatte, Du vilde være Huusholderske.

Fru B. Det er nok muligt, især da jeg ogsaa forespurgte mig om et andet Punkt af Kogekunsten — danske Buddinger.

B. Og Du har faaet Underretning om hvorledes man tilbereder disse fortræffelige Buddinger? Det er herligt!

Fru B. Endmere er det af saadan Betydning for mig, at det ret skulde gjöre mig ondt, om mine Opskrifter gik tabt for mig paa vore Udflugter, thi j g veed, at min Tante vil blive glad ved at faae dem; derfor vil jeg öjeblikkelig tage Afskrift af dem.

B. Og jeg vil finde

voured and patronized in English families, and I am much obliged to our kind landlord for the recipe to make Redgroats he has got me from the cook.

B. How astonished I was when you asked the waiter, if he were not able to instruct you how to make Redgroats. I wonder, if he supposed you intended to turn cook.

Mrs. B. Very likely, especially as I also asked about another thing concerning the art of cookery — the Danish puddings.

B. And you have got the information how these delicious puddings are made? Capital!

Mrs. B. It is of such importance to me, that I should be very sorry if I happened to lose them in our rambling about, for I know, that my dear aunt will be glad to get them, and therefore I intend to copy them instantly.

B. And I shall be glad

115

det meget behageligt, om hun imellem vil beværte os med Rødgrød eller en dansk Budding, naar hun sender en af sine venlige Indbydelser til Middag.

Fru B. Du kan være vis paa, at jeg skal give Tante et Vink i den Anledning.

B. Hjertelig Tak, Kjære!

A. Vil De tillade, at ogsaa jeg tager Afskrift af Opskriften, da takker jeg meget derfor. De veed, at jeg er en Yndling af vor nedarvede Familiehuusholderske, og jeg vil neppe kunne bringe hende en mere velkommen Gave end en saadan Forøgelse af hendes Kjendskab til den ædle Kogekunst.

Fru B. Inderlig gjerne! Jeg vil oplæse den for Dem, og De maa nedskrive den Ord for Ord; men gjem Afskriften vel.

A. Det skal jeg! Altsaa — at lave Rødgrød.

Fru A. «Tag 6 Pægle Saft af Ribs, Himbær eller Kirsebær og 4 Pægle Vand; kom heri Sukker efter Behag og

if she sometimes will be kind enough to treat us with Redgroats or a Danish pudding when she sends one of her friendly invitations to dine with her.

Mrs. B. I shall give her a hint by and by, depend upon it.

B. Thank you, dear!

A. And if you will allow me to copy the recipe you have got, I shall be much obliged to you. You know, I am the favourite of our hereditary family-cook, and I can scarcely bring her a more welcome gift than such an addition to her knowledge in the noble art of cookery.

Mrs. B. Willingly, then I will read it and you may write it down word by word; but take care of the copy.

A. That I will! Well: to make Redgroats.

Mrs. B. »You must take three pints of the juice of currants, raspberries or cherries and two pints of water; add to

8*

et lille Stykke Vanille, sæt det Alt over Ilden, og naar det koger, kom da 28 eller 32 Lod vel udrørt Riismeel, Sago- eller Kartoffelmeel deri. Lad det koge dermed i ti til tolv Minutter under langsom Omrøren. Derpaa bliver det hældt op paa store Fade eller øst i Forme, Skaale eller Thekopper, som först ere vel vædede indeni med koldt Vand, for at Rødgrøden let kan vendes af Formerne, naar den er kold. Den bliver anrettet med Fløde og Sukker.

A. Fløde og Sukker. Punktum!

Fr. B. Der er endnu Noget at föje til! Rødgrøden bliver mest behagelig, dersom ⅔ af Saften er af Ribs og ⅓ af Himbær eller Kirsebær. Nogle Huusmødre komme istedenfor Vanille 6—8 Lod stødte Mandler i, halv bitre, halv søde, og et Lod stødt Kaneel. Smagen af disse Ingredientser er meget behagelig, naar de blandes med Saften,

this as much sugar as you please and a small piece of vanilla, put it all on the fire, and when it boils then add 14 or 16 ounces of ground-rice, sago-meal or starch-meal. Now it must boil for ten or twelve minutes and be slowly stirred. Afterwards it is poured on large plates or into forms, bowls or teacups, which previously have been well wetted inside with cold water, that the Rødgrød may easily be turned out of the form, when it is cool. It is served with cream and sugar.

A. Cream and sugar. — Stop!

Mrs. B. There is still something to add. The Redgroats will be most delicious if ⅔ of the juice is of currants and ⅓ of raspberries or cherries. Some people add instead of vanilla 3 or 4 ounces of pounded almonds, both bitter and sweet, and half an ounce of pounded cinnamon. The taste af all these ingredients in the juice of

men Vanille er det lifligste Kryderi.

A. Oprigtig talt finder jeg det slet ikke morsomt at skrive Bemærkninger om »l'art culinaire».

Fru B. Bryd Dem ikke derom! Nu maa De til at skrive om «Maaden at lave en god dansk Budding«.

A. Det er egentlig haardt af Dem. Nuvel da, Buddingen.

Fru B. Over en langsom Ild bages 16 Lod af det fineste og bedste Meel, der kommes i en halv Pot kogende Fløde eller uforfalsket sødMelk, i hvilken der er smeltet 16 Lod Smör og nogle faa Lod hvidt Sukker. Det maa røres hyppig under Bagningen og indtil Træskeen slipper Dejgen. Blommerne af 20 eller 16 Æg, efter Godtbefindende (dersom Æggene ere vanskelige at faae, kan man nöjes med 12) røres i, et ad Gangen, naar Dejgen er lidt afkølet, og omsider de til Skum pidskede Hvider. Formen, der maa

fruits is very nice, but the vanilla is the most delicious flavouring.

A. To be frank, I don't take much interest in writing notices about »l'art culinaire«.

Mrs. B. Never mind. Now you have to write about «making a good Danish pudding«.

A. You are rather cruel. Well! the pudding then.

Mrs. B. Bake over a slow fire eight ounces of the best and finest flour poured in a pint of boiling cream or pure milk, in which eight ounces of butter have been melted, and a few ounces of white sugar. It must be frequently or incessantly stirred, till the wooden spoon used for stirring slips the dough. The yolks of twenty or sixteen eggs, as you please, (if the eggs are scarce twelve will do) must be added, one by one stirred in the cooled pudding, and at last all the whites whipped in a foam. The form, well

smöres vel med Smör indeni og bestrøes med stødte Tvebakker eller fiint Brød før Dejgen heldes i, bliver da tildækket med Laag og sat ind i Ovnen for at bage, eller i en Gryde med kogende Vand, hvor Buddingen da koges i 1½ til 2 Timer. Nogle Minutter før Buddingen anrettes, maa Gryden tages af Ilden, men Formen maa blive i det kogende Vand indtil det sidste Öjeblik og Gløder spredes over Laaget. Saucen laves af hensyltet Frugtsaft.

A. Nu tör jeg sige, De vil tillade mig at sige Punktum.

Fru B. Tilvisse! og desuden giver jeg Dem et godt Skudsmaal for Agtpaagivenhed.

covered inside with butter and pounded biscuits or bread, before the dough is put in, is then covered and put in the oven to bake, or in a large deep saucepan with boiling water, where the pudding boils in 1½ or 2 hours. The saucepan may be taken off the fire some few minutes before the pudding is served, but the form must remain in the boiling water till the last moment and fire be put on the cover. The sauce is made of juice of preserved fruits«.

A. Now I dare say, you will allow me to say stop.

Mrs. B. Certainly! And besides I will give you a good character for attention.

G. Hvad synes De om at lære Dansk?

H. Tak, ret godt!

G. Kan De tale Sproget?

G. How do you like to study the Danish language?

H. Thank you, pretty well.

G. Can you speak the language?

H. Lidt kun, men jeg forstaaer det.

G. De har altsaa lært vort Sprog, för De kom ind i Landet.

H. Ja vistnok, men kun i sex Uger. Kort Tid för jeg forlod England, blev en dansk Herre indført til mig ved en af mine Venner, og medens jeg opholdt mig i London samt under en Udflugt i Skotland, vare vi altid samlede, og jeg fandt Fornöjelse i at studere det danske Sprog.

G. De udtaler det godt, og om föje Tid vil De kunne tale flydende.

H. Troer De det? det er meget opmuntrende for mig.

G. Hvor længe har De været i Kjøbenhavn?

H. Omtrent tre Maaneder.

G. Og De vil blive her i flere Aar, ettersom jeg har hørt.

H. Idetmindste et Aarstid; derfor higer jeg efter at faae tilbörlig Kjendskab til Sproget.

G. Finder De det vanskeligt at lære Dansk?

H. I speak it a little, but I understand it.

G. Then you have learnt the language before your arrival in this country.

H. Certainly, but only for six weeks. A Danish gentleman was introduced to me by a friend a short time before I left England, and during my stay in London and a trip to Scotland we have always been together, and I found pleasure in studying the Danish language.

G. You pronounce well, and before long you will speak fluently.

H. Do you think so? it is a great encouragement to me.

G. How long have you been in Copenhagen?

H. About three months.

G. And you intend to stay here for years, I understand?

H. At least for a twelvemonth, therefore I am anxious to have a thorough knowledge of the language.

G. Do you find it difficult to learn Danish?

H. Ja tilvisse, meget vanskeligt.

G. Men jeg formoder da, at De synes om Sproget?

H. Ja, jeg synes godt om det. Naar det bliver rigtigt udtalt, lyder det smukt.

G. Kjender De noget til den danske Literatur?

H. Kun faa Forfatteres Værker, men disse Bøger har jeg læst med stor Tilfredsstillelse.

G. Jeg formoder, at De ofte læser höjt, for at faae en reen Betoning.

H. Ja, altid naar den danske Professor kommer til mig.

G. Jeg veed, at han er en god Lærer.

H. En fortrinlig er han, og jeg er ham megen Tak skyldig for al hans Forekommenhed imod mig.

G. Men sig mig, hvorfor De finder det danske Sprog saa vanskeligt?

H. Udtalen skaffer mig lidt Ulempe. För jeg kom hertil var jeg overbeviist om, at dersom jeg blot opholdt mig

H. Certainly, I find it very difficult.

G. But you like the language itself, I suppose.

H. Yes, very much. Correctly pronounced it sounds well.

G. Do you know anything of Danish literature?

H. Only the works of some few authors, but these books I have read with great pleasure and interest.

G. You often read aloud I suppose, to get a pure accent.

H. I always do so, when the Danish professor comes to me.

G. He is a good teacher, I know.

H. An excellent one; I am much obliged to him for all his kindness to me.

G. But tell me, why do you find the Danish language so difficult?

H. The pronunciation gives me some trouble. I felt convinced before my arrival that if I only spent a few months

nogle faa Maaneder i Danmark, vilde jeg kunne tilegne mig den bedste Udtale og et reent Tonefald.

G. Er De heri bleven skuffet?

H. Ja tilvisse.

G. Men De har Sprogtalent veed jeg, og er jo vant til at rejse i Udlandet.

H. Det er jeg, meer end Folk ialmindelighed tör jeg nok sige, og jeg har lært forskjellige fremmede Sprog, deels ved Underviisning og ved Selvstudium i mit eget Fødeland, deels ved at opholde mig i de paagjældende Lande og samtale med de Indfødte. Men intetsteds har jeg fundet det saa vanskeligt at gjøre Fremgang som i Danmark.

G. Virkelig! Det er Udtalen De finder saa vanskelig?

H. I den förste Tid da jeg lagde mig efter Sproget, forekom det mig ikke, men siden jeg er kommen hertil, finder jeg det undertiden umuligt at forstaae endog de almindeligste Udtryk.

in Denmark itself, I should be able to acquire the best pronunciation and a pure accent.

G. And you have been disappointed?

H. Certainly.

G. But you have some talent for languages and are accustomed to go abroad, I know.

H. So I am, more than people generally I dare say, and I have studied several foreign languages, partly by lessons and self-instruction in my native-land, partly by staying in the different countries and conversing with the natives there. But nowhere have I found making progress so difficult as in Denmark.

G. Indeed! Is it the pronunciation you find difficult?

H. In the beginning of my studying the language I did not think so, but since I am here, I find it sometimes impossible to understand even the most common expressions.

G. Det vil De altid finde saaledes, naar De kommer til et fremmed Land; vore Øren ere ikke vante til Tonefaldet.

H. Glem ikke, at jeg forstod lidt Dansk för jeg kom hertil. Jeg var endog istand til at tale taalelig godt med min Lærer, den danske Herre, hvis Udtale jeg er overtydet om er saa ønskelig og reen som mulig, thi jeg forstod hvert Ord af ham. Desuden veed De, min Herre! at mit Øre er vant til fremmede Folkeslags Udtale og Betoning.

G. Men sig mig dog, hvorfor ere Vanskelighederne saa meget större i Danmark.

H. Oprigtig talt er det — saavidt jeg troer idetmindste — fordi de Danske ikke vise tilbørlig Opmærksomhed for den rette og tydelige Udtale. De udelade kun altfor hyppig Endekonsonanterne, og dette er det egenlig, som gjör Sproget saa vanskeligt at forstaae, naar man

G. This you will always find, when you go to a foreign country; our ears are not accustomed to the accent.

H. Don't forget, I knew something of the Danish language before my arrival; I have even been able to converse tolerably well with my teacher, the Danish gentleman, whose pronunciation is the most desirable and the purest, I am sure, as I was able to understand every word of his. Besides you know Sir, my ear is accustomed to the pronunciation and accentuation of foreign nations.

G. Pray, why are the difficulties so much greater in Denmark?

H. To be quite open, it is — as far as I believe at least — because the Danes generally don't pay due attention to proper and distinct pronunciation. They leave out the final consonants but too frequently, and this makes the language rather difficult to understand, if one is accu-

kun er vant til en god og reen Udtale. Har De aldrig før hørt en saadan Klage af Fremmede?

G Jeg kan ikke nægte, at jeg jo har. Men almindeligviis træffer man kun paa en saadan Skødesløshed i de lavere Klasser.

H. De tager fejl i denne Forudsætning, min Herre, og jeg vil søge at bevise min Paastand.

G. Naar jeg skal sige Sandheden, har jeg aldrig tænkt alvorlig nok over Sagen. Vi forstaae hverandre fuldtvel i daglig Tale, om ogsaa Udtalen forsömmes. Men jeg vil være Dem meget forbunden, dersom De vil gjöre mig opmærksom paa nogle af vore Misgreb i Sproget. Fremmede forstaae ofte at aabne vore Öjne og Øren bedre end de Indfødte.

H. Det er isandhed anmassende af mig at ville bedömme, hvor jeg kun skulde lære; men jeg vil imidlertid fremkomme med nogle af mine Bemærkninger.

stomed to a good and pure pronunciation only. Did you never before hear such complaint made by foreigners?

G. I have, it cannot be denied. But generally such carelessness is met with only in the lower classes.

H. In this supposition you are quite wrong, Sir, and I will try to prove you my remark.

G. To tell the truth, I have never reflected seriously upon the matter. In our daily conversation we understand each other perfectly well, if even the pronunciation is neglected. But I shall be very much obliged to you, if you will tell me some of our mistakes in the language. Foreigners often know how to open our eyes and ears better than the natives.

H. Indeed it is an audacious attempt to criticize where I have rather to study, but nevertheless I will mention some of my observations.

G. Og De vil tillade mig at komme med Modsigelser, dersom De tager fejl.

H. Naturligviis, og jeg vil dertil takke Dem meget. Altsaa, Konsonanterne, der ende en Stavelse eller et Ord, blive ikke synderlig vel behandlede af Deres Landsmænd, saavidt jeg veed, thi de udelades meget ofte.

G. Jeg er vis paa, at De veed, at «d» høres meget utydelig efter en haard Konsonant, da det er vanskeligt der at give dette Bogstav sin ejendommelige Lyd, f. Ex. Ild, Vand. Udlændinge give ialmindelighed **d** Lyden af **t** i saadanne Ord.

H. Denne Regel kjender jeg godt; men **d** bliver ogsaa ofte udeladt efter en blød Vokal, og det vil De indrömme mig, er meget urigtigt. Hvor ofte har jeg ikke opfanget Ord som Brø', virkeli' og mange lignende, istedenfor Brød, virkelig.

G. Men dette er dog fornemmelig iblandt Folk, som uheldigviis ikke have

G. And you will allow me to make objections, if you are wrong.

H. Of course, and with my best thanks. Well, the consonants ending the syllable or word are not kindly treated by your countrymen, I understand, for very often they are omitted.

G. I am sure you know, that after a sharp consonant the »**d**« is very indistinctly pronounced, as it is difficult to give this letter its original sound there, as: Ild, fire, Vand, water. Foreigners generally pronounce the **d** in such words like a **t**.

H. I know this rule well, but **d** is often left out even after a soft vowel, and this you will agree with me is very wrong. How often have I caught the words of Brø', virkeli' and so on instead of Brød, virkelig.

G. But this principally by people only, who unfortunately have not even

erhvervet sig de almindelige Skolekundskaber.

H. Det burde idetmindste kun tillades Saadanne at udtale saa slet. Men endog veloplærte Personer udelade Konsonanterne og sige f. Ex. hyppig ska', ve' istedetfor skal, vil. En saadan Udeladelse og den deraf uundgaaelige Sammentrækning af Ord, saarer Sprogets Vellyd og gjör det vanskeligt at forstaae det.

G. Vistnok! Det kan heller ikke nægtes, at de höjere Klasser i Samfundet beflitte sig mere paa en reen og tydelig Udtale end Middelklasserne gjöre.

H. Det har jeg allerede overtydet mig om siden jeg kom til Danmark. Men det kan heller ikke nægtes, at man langt hyppigere hører imor'en, Bor'et end den rette Udtale imorgen, Bordet, og det i alle Klasser. Jeg haaber, at De er enig med mig ogsaa heri.

G. Jeg maa være det, fordi det er Sandhed.

acquired the common rudiments.

H. At least it should be allowed to such people only to pronounce badly. But even persons well educated leave out the consonants and frequently they say ska', ve' and so on, instead of skal, vil. Such omissions and the inevitable combining of the words offend the euphony of the language and makes it difficult to understand.

G. Certainly. But it cannot be denied, that the higher classes of society pay more attention to a pure and distinct pronunciation than the middle-classes.

H. Of this I have already been convinced since my arrival in Denmark. Neither can it be denied, that imor'en, Bor'et in all classes is more frequently heard than the proper pronunciation of the words imorgen, Bordet. I hope, you also will agree with me in this.

G. I am obliged to do so because it is the truth.

Men tro ikke, at en saadan Hensynsløshed ikke stærkt misbilliges. Vi forudsætte, og jeg tænker, dette er ikke fejlagtigt, at en Persons aandelige Udvikling og boglige Viden aabenbarer sig ved den Maade, paa hvilken han eller hun udtrykker sig i sit Modersmaal.

H. Jeg er fuldkommen vis paa, at denne Anskuelse er rigtig. Dersom De vidste hvor megen Ulempe denne Sammentrækning af Ord og Udeladelse af Konsonanter har foraarsaget mig, hvor omhyggelig jeg har søgt i Ordbøger og Ordsamlinger for at finde de Udtryk, jeg ikke kunde forstaae, da maatte De enten finde mig enfoldig eller Udtalen latterlig.

H. Sig mig, jeg beder Dem, nogle af disse ulempebringende Udtryk.

G. Hjertelig gjerne! Jeg har f. Ex. ofte lyttet til Ord som »skaviedde«, »devejeegge«, »lavær« for ret at erindre Udtalen og see i Ordbøger efter Betydningen af samme, naturuligviis den at finde

But don't believe that such indifference is not highly disapproved. We all pretend, and I don't think we are wrong, that the intellectual culture and literary capacities of persons are shown by the manner, in which they pronounce their native language.

H. I am quite sure, that such a view is right! If you knew, how the combination of words and omissions of consonants have puzzled me, how carefully I have searched Dictionaries and Vocabularies to find the expressions, I did not understand, then you would either consider me silly or the pronunciation ridiculous.

G. Pray, tell me some of these puzzling expressions.

H. Willingly! I often listened for instance to the words »skaviedde«, »devejeegge«, »lavær« to remember the pronunciation and look for the signification in the dictionaries, of course with-

nogen, og saa omsider blive nødsaget til at raadspörge den Herre, jeg kalder min danske Professor. Hvor forundret er jeg da ikke blevet ved at høre, at slige Udtryk ikke ere eet Ord, men flere, og betyde «skal vi ikke», »jeg veed det ikke«, »lad være«.

G. Jeg fatter Deres Forundring, min Herre! Men troer De ikke, at det danske Sprog bliver udtalt smukt ved Skuespillet og i Kirkerne?

H. Jeg troer det ikke, saavidt jeg er istand til at dömme.

G. En saadan Anklage maa De virkelig bevise, min Herre!

H. Hvad Theatrene angaaer, da kjender jeg ikke meget til dem, men jeg tör nok sige at de — det kongelige Theater indbefattet — ikke ere saadanne Sprogskoler som «Théatre français» i Paris. Kirkerne kjender jeg bedre, thi jeg har været til Gudstjeneste i de fleste, men jeg er meer

out finding them, till at last I have been obliged to consult the gentleman, I call my Danish teacher. And how astonished I have been to be told, that such expressions were not one word, but several, and signify »skal vi ikke» (shall we not), «jeg veed det ikke» (I don't know it), »lad være« (leave off).

G. I comprehend your astonishment, Sir; But don't you think the Danish language is well pronounced in the theatres and the churches.

H. As far as I am able to judge, I don't think so.

G. Such an accusation I should wish you to prove, Sir!

H. As for the theatres, I don't know much of them, but I dare say, that they, not even the Royal theatre, are such schools for language as the »Théatre français« in Paris. The churches I know better, for I have been at the service in most of them, but I have more than

end een Gang bleven forundret ved at høre nogle Gejstlige sige, endog naar de læse Evangelierne, ha'de, sa'e istedenfor havde, sagde.

G. Tillad mig at bemærke, at det er kun Gejstlige henhørende til et vist Parti, der udtale paa denne Maade. De forudsætte, at et Antal Personer i Menigheden høre til de lavere Klasser, og at de ere nødte til at udtrykke sig paa samme urigtige Maade som Menigmand, for at Prædikenen kan blive vel forstaaet.

H. Hvor vrang synes denne Opfattelse mig. Vilde det ikke være bedre at drage Menigmand op end selv gaae ned til Menigmand.

G. Uimodstridelig! Men nu hvad Aviserne angaaer. Jeg haaber, at De læser vore bedste Blade?

H. Naturligviis læser jeg dem.

G. Hvorledes finder De at Sproget bliver skrevet der?

H. Godt, saa godt i

once been astonished to hear some clergymen pronounce, even when they read the Gospel, ha'de, sa'e, instead of havde, sagde.

G. Will you allow me to say, that it is only clergymen belonging to «a certain party», who pronounce in this way. They suppose, that a number of persons in the congregation belong to the lower classes, and that they, to make the sermon thoroughly comprehensive, are obliged to pronounce as badly as common people.

H. How wrong these ideas seem to me. Would it not be better to raise common people to themselves than to descend to them.

G. Undoubtedly. But for the newspapers. I hope you look over the best of them?

H. I do so, of course.

G. How do you find the language written there?

H. Well, so well in

nogle faa af dem, at jeg tildeels læser dem for at gjöre Fremskridt i Sproget.

G. Finder De aldrig Forsyndelser imod Sproget der?

H. Undertiden, men sjeldent. Jeg har fundet en Bommert, der er meget almindelig, naar Folk tale, og jeg har fundet den meer end een Gang. Det støder meer mit Öje at læse den end mit Øre at høre den i det daglige Liv, thi jeg lægger Mærke som smaa Börn i deres A. B. C. Det er de to Imperfecter, anvendte det ene umiddelbart efter det andet istedenfor et Infinitiv, saasom: jeg gad vidst istedenfor jeg gad vide. Dette er en Fornærmelse imod Sproget i meer end een Henseende.

G. De er en fortræffelig Læser og vel bevandret i Sprog, seer jeg. Ved Dem mindes jeg om en berömt Sprogkyndig, der engang sagde, at der er een Maade, paa hvilken Enhver kan

some few of them, that I study them partly to improve myself in the language.

G. Did you never find any mistakes there?

H. Sometimes, but rarely. I have found a blunder very common when people speak, and I have found it more than once. It hurts my eyes to read it, still more than my ears to hear it in daily life, for I pay attention just as little children do in their spelling-books. It is the two Imperfect tenses used immediately one after the other, instead of the Infinitive left out, as: «jeg gad vidst« instead of «jeg gad vide» (to know). This is an offence against the language in more than one way.

G. You are an excellent student, well versed in languages, I see, and you remind me of a renowned linguist who once said, that there is one way in which every one can prove his ve-

vise sin Ærbødighed for Fædrelandet og sin Kjærlighed til det, og dette er ved at tale Modersmaalet reent, thi Sproget er een af Nationens bedste Skatte.

H. Og den berömte Sprogkyndige har fuldkommen Ret. Vilde blot hver Mand og Kvinde lægge sig paa Sinde — i alle Lande — at de have et Ansvar at bære for Ligegyldighed og Krænkelser imod Modersmaalet, da vilde den opvoxende Ungdom uformærkt lære, ogsaa paa denne Maade at støtte og opmuntre den folkelige Sag og den folkelige Sands.

G. Fremfor Alt er det dog at ønske og sætte Priis paa, at det i Fremtiden maa staae klarere end hidtil for Mødrene, disse den opvoxende Slægts förste Lærerinder og bedste Veninder, at ogsaa de have Lod og Deel i Sprogsagen.

neration and his love for his native land, and this is to speak his mother-tongue purely, for the language is one of the best treasures of a nation.

H. And the renowned linguist is quite right. If only every man and every woman would bear in mind — in all countries — that they have some responsability for the indifference and offences against the mother tongue, then the younger generations will learn imperceptibly, to support and encourage the national cause and the national feeling even in that way.

G. But above all it is desirable and to be prized if the mothers, the first teachers and best friends of the rising generation, will understand in future better than hitherto, that they also have part and lot in the affairs of language.

A. Jeg seer, at De er træt efter vore Udflugter og Søgen efter Seeværdigheder.

B. Nej, ikke træt efter vore Udflugter, men træt af vore Vejviseres Fortolkninger og Forklaringer.

A. Det er jeg ogsaa. Intet er saa trættende som disse langtrukne eller afjagede Forklaringer af Personer uden aandeligt Liv, uden tilbørlig Erkjendelse af fortrinlige Naturgaver og Mesterværker.

B. Det er til at tabe Taalmodigheden ved. Paa den anden Side ere disse stakkels Mennesker nødte til at forklare de samme Gjenstande Dag for Dag.

A. Og gjentage Forklaringerne i de samme Udtryk, tör jeg nok sige. Jeg ønsker, at vi kunde undvære en Vejviser.

B. Det gjör jeg ogsaa. Troer De ikke, at vi kunne finde Vej uden en saadan Ledsager?

A. Jo tilvisse; jeg haaber, at vi skulle prøve og faae Held.

B. Men De veed, at

A. You are fatigued with our ramblings and searching after curiosities, I see.

B. Not fatigued from our ramblings (my dear friend), but tired with the interpretations and explanations of the guides.

A. And so am I. Nothing is so tiresome as those drawling or hasty explanations given by persons without intelligence, without due perception of eminent natural gifts and masterworks.

B. It is enough to put one out of patience. On the other hand, these poor people are obliged to explain the same topics day by day.

A. And repeat the explanations in the same expressions, I dare say. I wish we could do without a guide.

B. So do I. Don't you think we might try to find our way without such a companion?

A. Certainly; I hope we shall try and succeed.

B. But the attendant

Lejetjeneren er antaget for fjorten Dage.

A. Det er han, men dersom vi betale hans Løn, formoder jeg, at han ikke vil have Noget imod at forlade os, selv om vi bede ham om en Tjeneste. Jeg har isinde at optegne Navnene paa Hovedgaderne, Pladser og Torve, og hvorledes vi kunne finde offentlige Bygninger, videnskabelige Anstalter og Museer, da ville vi ikke alene blive istand til at finde Vej i Kjøbenhavn, om vi engang komme her tilbage, men vore Bemærkninger kunne maaskee være velkomne for engelske og skotske Rejsende, der gjæste den danske Hovedstad.

B. Herligt. Jeg vil ringe paa Opvarteren, for at vi öjeblikkelig kunne ordne os med vor lejede Følgesvend.

is engaged for a fortnight, you know.

A. So he is, but if we pay his wages, I suppose he will have no objection to leave us, if even we ask him as a favour. I intend to put down the names of the principal streets, places and squares, and how to find the public buildings, scientific institutions and museums, then we shall not only be able to find our way in Copenhagen, if we return some day or other, but perhaps our notices may be welcome to English and Scottish tourists, visiting the Danish metropolis.

B. Capital! I will ring for the waiter, that we may at once make some arrangements with our engaged companion.

A. Hr. NN.! Min Ven og jeg er Dem meget forbunden for Deres Beredvillighed med at hjælpe os tilrette under vort

A. Mr. NN. My friend and I are much obliged to you for your readiness to put us in the right way during our

Ophold i Kjøbenhavn; imidlertid vilde det ikke være ilde at vandre lidt omkring paa eget An- og Tilsvar, og vi ere tilsinds at prøve vor Lykke. Naturligviis betale vi Dem Deres Honorar, men vi bede om Deres Hjælp til at nedskrive en Slags Haandbog eller Vejviser til eget Brug; vil De vise os den Velvilje at besvare de Spörgsmaal, vi henvende til Dem angaaende en saadan Vejviser?

NN. Gjerne, min Herre! Det vil være mig en Fornöjelse at forklare hvert Punkt.

A. Jeg takker Dem meget. Først ønsker jeg at nedskrive Navnene paa Hovedgaderne. Dersom vi f. Ex. drage ud fra det smukke og bekvemme Landingssted og ere komne forbi Toldboden, hvilke Gader ville da bringe os til Kongens Nytorv, der, saavidt jeg har forstaaet, er Midtpunktet af Hovedstaden.

NN. Fra Toldbodvejen til Kongens Nytorv fører en meget lang og

stay in Copenhagen; some strolls at our own risk however will not be unpleasant, and we intend to try our luck. We pay your wages, of course, but then we beg for your help to make a sort of guide or directory for our own use; will you do us the favour to answer the questions we put to you concerning such a guide?

NN. Willingly, Sir! I shall be happy to explain every matter.

A. I thank you very much. First I wish to put down the names of the principal streets. If for instance we start from the handsome and convenient landing-place and have done with the custom-house, what streets will take us to Kongens Nytorv (the King's New Market) the centre of the metropolis, I understand.

NN. From the Toldbodvej (custom-house-street) to Kongens Nytorv

bred Gade i lige Retning; det er Bredgade eller Norgesgade; i lige Linie med Bredgade er Amaliegade, gjennemskaaren af Amalienborg Plads. St. Anne Plads og Strandstræde strække fra Amaliegade til Kongens Nytorv.

A. Og hvilke Gader vil bringe os fra Kongens Nytorv til Jernbanestationen?

NN. Østergade fører fra Kongens Nytorv til Amagertorv, hvorfra Vimmelskaftet og Nygade strække sig til Gammeltorv, og Frederiksberggade videre frem til Vesterbro, hvor De til højre Side, ligeoverfor den Obelisk, der hedder Frihedsstøtten, vil finde Indgangen til Banegaarden, en nyopført rummelig og velindrettet Bygning.

A. Jeg takker, det forstaaer jeg Alt. Men der strække sig nogle lange Gader fra Kongens Ny-

a very broad street conducts strait on, it is the Bredgade (broad street) or Norgesgade; in a line with the Bredgade is the Ameliastreet, divided by the Ameliaborg Place. St. Anne's Place and the Strandstreet reach from Ameliagade to Kongens Nytorv.

A. And what streets will take us from Kongens Nytorv to the railway station?

NN. The Østergade (East Street) leads from Kongens Nytorv to Amagertorv, whence Vimmelskaftet and Nygade reach to Gammeltorv, and Frederiksberggade further on to Vesterbro, where on the right, opposite the Obelisk called Frihedsstøtten (the pillar of liberty) you will find the entrance to the railway-station, a newly erected large and comfortable building.

A. I understand, thank you. But some long streets extend from Kongens Nytorv to the

torv til den nordvestlige Deel af Byen, ikke sandt?

NN. Jo. Gothersgade fører til Nörrevold og Store Kongensgade til Østerport. En anden Hovedgade er Store Kjöbmagergade, der i Forening med Lille Kjöbmagergade gaaer over Kultorvet og gjennem Frederiksborggade fra Amagertorv til Nörrebro.

A. Der er endnu en smukt beliggende Gade veed jeg, langs med Rosenborg Have. Det undrer mig, om ikke Kjøbenhavns Beboere foretrække den for alle andre Gader, eftersom Gjenboerne ere de skjønne Træer, Buske og Blomster i den udstrakte Have.

NN. Jo, det gjöre de; Boligerne i Kronprindsessegade ere ikke mindre efterspurgte end de paa Torvene.

A. Og nu beder jeg Dem navngive mig de fornemste offentlige Pladser og Torve.

North-West part of the town, I believe?

NN. Yes. Gothersgade (the Gothic street) leads to the Nörrevold and Store Kongensgade (Great King Street) to the Østerport. Another principal street is Store Kjøbmagergade; it leads by way of Lille Kjøbmagergade across Kultorvet and Frederiksborggade from Amagertorv to the Nörrebro.

A. Still there is one street well situated, I know, along the Rosenborg garden. I wonder that the inhabitants of Copenhagen don't prefer that street to all other large streets, as the opposite neighbours are the fine trees, shrubs and flowers of the extensive garden.

NN. They do so; the houses in Kronprindsessegaden (the Princess Royal Street) are in no less demand than the houses in the squares.

A. And now give me the names of the chief public places or squares, please.

NN. Amalienborg Plads, Garnisonspladsen eller St. Annæ Plads, Kongens Nytorv, Amagertorv, Höjbroplads, Slotspladsen, Nicolaiplads, Gammel Torv, Ny Torv, Frueplads, Graabrødretorv, Kultorv, Hauserplads og Halmtorvet.

B. Frueplads sagde De. O, tillad at jeg afbryder Dem et Öjeblik.

NN. Gjerne, min Herre.
B. Hvorfor, troer De, er der mere Blæst paa Hjörnet af «Frue Kirke Plads« end noget andet Sted? Jeg skal sige Dem det. En Dag spadserede Djævlen og Vinden ud sammen, og da de kom til Hjörnet af Frueplads, sagde Djævlen til Vinden: Vent lidt her, jeg har Noget at afhandle i Bispegaarden og maa smutte derind et Öjeblik. Han gik da ind, men fandt sig saa vel tilpas, saa aldeles hjemme der, at han

NN. Amalienborg-Place, the Garrison or St. Anne's Place, the King's New Market, the Amager Market, Höjbroplace, the Palace Place, St. Nicholas' Place, the Old and New Market, Our Lady's Place, Gray Friars Market, the Coal Market, Hauserplace and the Hay Market.

B. Frueplads you said. Pray, will you allow me to interrupt you for a moment.

NN. Willingly, Sir.
B. Why, is there, do you think, more wind at the corner of the square by the »Frue Kirke« than anywhere else? I will tell you. One day the Devil and the Wind took a walk together, and when they came to the corner of this place, the Devil said to the Wind: Wait a little for me, for I have some business in the Bishop's palace, I must slip in for a moment. He went in, but found himself so much at home and so

glemte at komme ud igjen, derfor staaer Vinden endnu paa Hjörnet og venter paa ham.

A. Tak, Tak! Hvo fortalte Dem denne morsomme Anekdote?

B. En Herre ved table d'hôte for nogle Dage siden. Men skjöndt Vinden endnu stedse staaer ventende paa Hjörnet, föjede han til, er Underverdens Fyrste dog ikke længer i Bispegaarden; derimod løber han igjennem Hovedstaden, pustende, hvislende og hvæsende til alle Sider, travlere end nogensinde med at udstrøe Strid og Tvedragt imellem Indbyggerne.

A. Og Kjøbenhavnerne vide ikke, hvorledes de skulle lænkebinde den onde Aand?

B. Jeg veed ikke meer end jeg har fortalt.

A. Tak, kjære Ven! Dersom De kjender nogle andre morsomme Anekdoter, Hr. NN., vær da saa god at give os en Slump.

NN. Jeg kjender kun Lidet til Fortællinger og Sagn, og har aldrig för

comfortable there, that he forgot to come out again, so the Wind is still waiting for him at the corner.

A. Thank you; who told you that curious story?

B. A gentleman at the table d'hôte some days ago. But although the Wind is still waiting at the corner, he added, the Prince of the infernal regions is no longer in the Bishop's palace; but is running through the metropolis, blowing, hissing and whistling in all directions, more busy than ever sowing dissension and quarrels among the inhabitants.

A. And the Copenhagners don't know how to put the evil spirit in irons?

B. I know no more than I told you.

A. Thank you, dear friend. Mr. NN., if you know some other curious anecdotes, pray, let us have a lot of them.

NN. I know very little of tales and legends, Sir, and I never before

hørt den Anekdote, Herren nys fortalte os; men den minder mig om en anden Historie om Mørkets Fyrste; ønsker De at høre den, mine Herrer?

A. Ja gjerne, Tak!

NN. Der er en Gade her i Kjøbenhavn, som hedder Laxegade, og i den har ingen Prokurator Lov til at boe; ja, det er endog strængt forbudt Enhversomhelst i saadan Livsstilling at tage sit Hjem der. Hør nu blot! For Aarhundreder siden bleve Beboerne i Gaden meget forulempede ved den Stöj og Hurlumhej der fremkaldtes ved hans sorte Majestæts hyppige Besøg, naar han kom, enten tilfods eller kjørende i en ildrød Vogn, trukken af sex sorte Heste med de gloende Tunger hængende ud af Halsen, for at aflægge Besög hos nogle Prokuratorer i Gaden, med hvem han stod paa en meget fortrolig Fod. Omsider flyttede Vennerne eller døde bort, og Stedet blev roligere, da Djævlen kun indfandt sig en-

heard the anecdote the gentleman told us just now; but it reminds me of another story about the infernal Prince; should you like to hear that tale, gentlemen?

A. Certainly, thank you!

NN. A street in Copenhagen is called Laxegade (Salmon Street) and no lawyer is allowed to live there; it is even strictly forbidden for such professional men to take up their abode there. Only listen! Centuries ago the inhabitants of the street were very much annoyed by the noise and the hubbub, which the frequent visits of his black Majesty caused, when he either walked or drove in a red-hot carriage drawn by six black horses, with fiery tongues lolling out of their mouths, to see some lawyers in the street, with whom he was on very intimate terms. At last the friends moved or died away, and the place became quieter as the Devil only called now and then trying to make friends

gang imellem, for at stifte Bekjendtskab med de nye Beboere. Men aldrig saasnart bosatte en Lovkyndig sig i Laxegade, hvilket Nabolav synes at have stor Tiltrækning for den sorte Fyrste, førend den gamle Forvirring og Larm gik for sig igjen ved Midnatstide; thi alle Döre og Vinduer fløj op af sig selv, naar den gaadefulde Vandrer eller det frygtelige Kjøretöj kom tilsyne. Beboerne klagede og Politiet lagde sig derimellem, men Høvdingen for de frafaldne Engle brød sig naturligviis kun lidt om saadanne Forestillinger, og Gaden havde Udsigt til at blive aldeles ubeboet. For at undgaae dette, blev den Foranstaltning truffen, at det ikke skulde tillades nogen Prokurator at bosætte sig i Laxegade.

A. Fortræffeligt, Hr. NN. Tak! Nu vil De tillade mig at spørge Dem om Navnene paa Broerne; vi have lagt Vejen over adskillige i Nærheden af Christians-

with the new lodgers. But no sooner did a lawyer settle himself in Laxegade, which neighbourhood seems to have a great attraction for the Devil, than the old uproar and noise was renewed at midnight, all doors and windows flying open of their own accord when the mysterious walker, or the dreadful vehicle appeared. The inhabitants complained and the police interfered, but, of course, the chief of the fallen angels cared little about such remonstrances, and the street threatened to become quite deserted. At last to avoid this, the arrangement was made, that no lawyer should be allowed to settle in Laxegade.

A. Capital Mr. NN. Thank you! Now will you allow me to ask for the names of the bridges; we have passed several in the vicinity of Christians-

borg, naturligviis fordi Slottet er bygget paa en Holm, men vi kjende kun Navnene paa de to Broer, der forbinde Kjøbenhavn og Christianshavn. Vil De sige os Navnene paa de andre Broer?

NN. Gjerne! Höjbro, der forbinder Höjbroplads og Slotspladsen, og Holmensbro, der fører fra denne Plads til Holmens Kanal ere de fornemste. Tre andre føre fra Bagsiden af Christiansborg Slot over Slotsholm Kanal; disse ere Stormbroen (der ogsaa er kjendt som den engelske Bro), Marmorbroen og Prindsensbro.

A. Jeg kjender Navnene paa de tre første Hoteller, men jeg ønsker at tilföje Navnene paa de Gader eller Torve, hvor de ere beliggende.

NN. Hôtel Phönix, der har 112 Værelser, er Nr. 37 i Bredgade paa Hjørnet af Dronningens Tvergade; Hôtel d'Angleterre med 110 Værelser er paa

borg, of course because the palace is built on an island, but we only know the names of the two bridges uniting Copenhagen and Christianshaven. Will you tell us those of the other bridges?

NN. Willingly! Höjbro (high bridge) connecting Höjbroplads and Slotspladsen, and Holmensbro leading from that place to Holmens Canal, are the principal; three others lead from the back of Christiansborg palace over the Slotsholm Canal; these are the Storm-Bridge (also known as the English bridge), the Marble-Bridge and the Prince's-Bridge.

A. I know the names of the three principal hotels, but I wish to add those of the streets or squares where they are situate.

NN. The Hôtel Phenix with 112 rooms, is No. 37 Bredgade, at the corner of Dronningens Tvergade (the queen's cross St.); the Hôtel d'Angleterre

Kongens Nytorv Nr. 34, den største af de offentlige Pladse i Kjøbenhavn, og Hôtel Royal med 64 Værelser er ved Stranden Nr. 18, ligeoverfor Christiansborg Slot.

A. Jeg takker meget. Nu maae vi see at finde Vejen til de fornemste Kirker, Museerne og de offentlige Bygninger, vi have besøgt, tildeels i Deres Selskab. Hvor ligger Frue Kirke, der er prydet med Thorvaldsens Mesterværker, og, saavidt jeg har forstaaet, Hovedkirken.

NN. Den ligger paa Nørregade, omgiven til tre Sider af en aaben Plads, der hedder „Frueplads", og ikke langt fra Frue Kirke er „Petri Kirke", de tydske Lutheraners Gudshuus. Saa er der Helligaandskirken i Vimmelskaftet, Trinitatis Kirke eller Treenighedens Kirke med det bekjendte Runde Taarn, paa hvis øverste Spids det forrige Stjernetaarn var anbragt, og Slotskirken, et stort

(110 rooms) No. 34 King's new Market, the largest square in Copenhagen, and the Hôtel Royal (64 rooms) No.18 Strand, opposite Christiansborg palace.

A. Much obliged to you. Now we must try to find the way to the principal churches, museums and public buildings we have visited, partly in your company. Where is Frue Kirke (Lady-church) adorned by the masterpieces of Thorvaldsen and I understand, the cathedral.

NN. It is situate in Nörregade surrounded on three sides by the square called „Frueplads", and not far from the church of our Lady is St. Peter's church, the church of the German Lutherans. Then there is the church of the Holy Ghost in Vimmelskaftet, Trinity church with the renowned „Round Tower" on the summit of which there was formerly an Observatory, and the Palace church, a

Kapel, der staaer i Forbindelse med Christiansborg Slot.

A. Der er ogsaa Kirker for Land- og Sømagten, veed jeg.

NN. Tilvisse! Garnisonskirken er paa St. Annæ Plads, og Garnisonskapellet i Citadellet. Ved Holmens Kanal er Holmens Kirke, til Gudstjeneste for Flaadens Mandskab. Desuden have de tydske og franske Reformeerte en lille Kirke i Gothersgade; i det Hele taget har Kjøbenhavn 22 Kirker.

A. Lad os ikke glemme den mærkelige Kirke med den udvendig snegledannede Opgang og det 300 Fod höje Taarn; den er een af Kjøbenhavns Seeværdigheder.

NN. Det er Frelserens Kirke paa Christianshavn, hvor ogsaa den tydske Befolkning sammesteds have en Kirke, Frederiks Kirke.

A. Den engelske Kirke er i Stormgade, Nr. 21 vide vi; rettest talt maa jeg sige, at Guds-

large chapel in connexion with the palace of Christiansborg.

A. You also have some churches for the military and navy I know.

NN. Certainly! The Garrison church is St. Anne's Place, and the chapel of the Garrison in the Citadel. On the Holm's Canal there is Holmens church, a place of worship for the navy. Then the German and French Reformed communion have a small church in Gothersgade; altogether Copenhagen has 22 churches.

A. Don't let us forget the remarkable church with the external spiral staircase and the steeple 300 feet high; it is one of the curiosities of Copenhagen.

NN. It is the Church of Our Saviour in Christianshaven, where also the German residents have a church, the Frederick church.

A. The English Chapel we know, it is 21 Stormgade; we should rather say Divine Ser-

tjenesten finder Sted i denne Gade i en Bygning, der tilhører Brødremenigheden, Det undrer mig, at de Englændere, der ere bosiddende i Kjøbenhavn, og engelske Rejsende, der ere saa hyppige i denne Hovedstad, ikke opføre en egen Kirke, det engelske Navn og det engelske Folk værdig.

NN. Jødekirken er en meget smuk Bygning, Herre, opført for nogle og tyve Aar siden. Den ligger i Krystalgade.

A. Tak, Hr. NN, men lad det nu være nok med Kirkerne. Christiansborg er det største Slot, formoder jeg; isandhed, det er en omfangsrig Bygning.

NN. Men den er ikke alene en Kongeborg, Herre! Begge Thingene, saavel Folkethinget som Landsthinget, holde Møder der i forskjellige Værelser, og Statsraadssalen er i samme Slot. I det øverste Stokværk er den Kongelige Malerisamling.

vice is performed in that street in a building belonging to the Moravians. I wonder, that the English residents in Copenhagen and English travellers who so often frequent that metropolis, do not erect a church of their own, worthy the English name and the English nation.

NN. The Synagogue is a very handsome building, Sir, erected some twenty years ago. It is situate in the Crystal street.

A. Thank you, Mr. NN. enough of the churches. The largest of the palaces is Christiansborg, I suppose; indeed, it is an extensive building.

NN. But it is not only a Royal residence, Sir. Both chambers of the Diet, the Lower House and the Upper House, hold their sittings there in different apartments, and the Council Chamber is in that palace. In the upper part is the Royal gallery of paintings.

A. Godt! Saa er der de fire Slotte paa Amalienborg Plads, af hvilke, har jeg hørt sige, EnkedronningKaroline Amalia, enDatterdatter af Karoline Mathilde, Georg den Tredies Søster, beboer det ene, og Landgreve Vilhelm af Hessen, Broder til Hertuginden af Cambridge, et andet. Er det ikke mod Syd at den smukke Ottekant de danne, er forbunden ved en Söjlegang?

NN. Jo, Herre!

A. Hvor er Charlottenborg Slot og hvem boer der?

NN. Det er paa Kongens Nytorv, Hjörnet af Nyhavn. Der boer Ingen af de Kongelige, thi det er et Akademi for de skjönne Kunster.

A. Og i Prindsens Palais er der, saavidt jeg har forstaaet, adskillige offentlige Samlinger.

NN. Ja, Herre! Det ethnografiske Museum, den Kongelige Kobberstiksamling, det Kongelige Museum for de nordiske Oldsager og flere

A. Well! Then you have the four palaces on the Amalienborg Place, one of which I have been told is occupied by the Queen Dowager Caroline Amelia, Granddaughter of Caroline Mathilda, sister of George III, and another by the Landgrave William of Hesse, brother of the Duchess of Cambridge. I think it is on the South side that the handsome octagon is united by a colonnade?

NN. Yes, Sir.

A. Where is the Charlottenborg Palace and who lives there?

NN. It is on „Kongens Nytorv" at the corner of Newhaven. No Royal person lives there for it is the Academy of fine arts.

A. And the Prince's Palace, I understand contains several public collections.

NN. Yes, Sir! the Ethnographical Museum, the Royal collection of engravings, the Royal Museum of Northern antiquities and some others

145

andre. Slottet er ligeoverfor Marmorbroen.

A. Dog det interessanteste af alle Slotte i Kjøbenhavn er upaatvivlelig Rosenborg. Hvilket herligt Indhold i den smukke gothiske Bygning. Foruden Kronjuvelerne og Mynt- og Medaillekabinettet, fremstiller sig for Synet hundrede og atter hundrede Gjenstande, der forklare Danmarks Historie.

NN. Det forekommer mig at Riddersalen med den massive Sølvthrone, bedækket med Gobelins, der fremstille de Slag, i hvilke Kristian den Fjerde tog Deel, fortrinsviis er værd at nævne.

A. Tilvisse! Den giver et Begreb om den Pragt, der engang var fremherskende i Danmark. Er De saa god at sige mig, hvor Børsen er?
NN. Paa Slotspladsen, Herre.
A. Og Nationalbanken?
NN. Paa Vestsiden af Børsen og forenet

The palace is opposite the Marble-Bridge.

A. But the most interesting of all the palaces in Copenhagen is undoubtedly the Rosenborg palace. What splendid contents in the handsome Gothic building. Besides the Crownjewels, and the cabinet of Coins and Medals, hundreds upon hundreds of objects illustrating the history of Denmark are presented to view.

NN. I think the Riddersal (Knight's Hall) with the massive silver throne covered with tapestry representing the battles in which Christian the Fourth was engaged is especially to be mentioned.

A. Certainly! It gives an idea of the luxury which once reigned in Denmark. Pray, tell me where is the Exchange?
NN. On the Palace Square, Sir.
A. And the National Bank?
NN. On the west side of the Exchange and

10

med den ved en Forbindelsesgang.
A. Men Mynten da?
NN. Den er i Nyhavn.

A. Det förste og mest betydningsfulde af de offentlige Samlinger og Museer i Kjøbenhavn, Thorvaldsens Museum, ville vi nok være istand til at finde uden Vejviser, da det ligger bag ved Slotskirken. Hvilken Skat er i det givet Kjøbenhavn! De vil jo ikke blive ked og led af mig, Hr. NN., om jeg ogsaa ulejliger Dem med nogle flere Spörgsmaal.
NN. Ingenlunde, min Herre! Det er mig kjært at kunne være Dem til Nytte.
A. Meget forbunden. Er De saa god at sige mig hvor Postgaarden er?
NN. Paa Store Kjøbmagergade, Hjörnet af Helliggejststræde.

A. Og der gaaer hver Dag Post til England?
NN. Naturligviis. Brevene kunne blive afgivne ved Hovedpostcontoiret indtil en halv Time för

connected with it by a corridor.
A. The Mint, please?
NN. Is in Nyhavn. (Newhaven).
A. The first and most important of the public collections and Museums in Copenhagen, Thorvaldsen's Museum, we shall be able to find without a guide, as it is situated behind the Royal chapel. What a treasure given to Copenhagen! You will not be annoyed even if I trouble you with some more questions, Mr. NN.?

NN. Not at all, Sir. I am happy to be of some use to you.

A. Thank you. Pray, where is the Post-Office?
NN. In Store Kjøbmagergade, at the corner of Helliggejststræde.
A. And there is a post daily to England?
NN. Of course. Letters can be posted at the General Post Office till half an hour before the

Aftentoget gaaer til Korsør. Afgangstiden er Kl. 7.

A. Og i Brevkasserne?

NN. Der maa de nedlægges en Time för. Portoen til England er 30 Skilling for et enkelt Brev.

A. Jeg takker, det er godt at vide. Kan De sige mig, hvor de offentlige Bogsamlinger ere?

NN. Jo, det kan jeg. Det Kongelige Bibliothek er paa Sydsiden af Christiansborg Slot, Indgangen i Töjhuusgade, Universitetsbibliotheket i Fiolstræde, ikke langt fra Frue Kirke, og det Clasenske Bibliothek i Amaliegade Nr. 30.

A. Det er bleven sagt mig, at der finder Udlaan af Bøger Sted, naar man anmoder derom.

NN. Jeg troer det nok; naturligviis til velkjendte eller velanbefalede Personer.

A. Det er alligevel meget forekommende. I »British Museum« ere

departure of the evening train to Korsoer. It starts at 7 o'clock.

A. And in the letter-boxes?

NN. There you will be obliged to post them an hour earlier. The postage to England is 30 Skillings (9 d.) for a single letter.

A. Thank you, it is as well to know. Can you tell me, where the public libraries are?

NN. Certainly. The Royal library is on the south side of Christiansborg, the entrance in the Arsenal Street, the University library in Fiolstræde, not far from Frue Kirke, and the Clasen library in Amaliegade Nr. 30.

A. I have been told, that books are lent out on application.

NN. I think so; of course to well known or well recommended persons.

A. Still it is very liberal. In the British Museum the reading-

10*

Læsesalen aaben 8—10 Timer daglig, men det er ikke tilladt at bringe en Bog bort fra Værelserne.

B. Kjender De Noget til Athenæum, et Læsested forsynet med de fleste evropæiske Aviser og Smaaskrifter, og hvor hvert Medlem har Tilladelse til at indføre Rejsende for 8 Dage; efter den Tid kan man faae Adgangsbillet for en Maaned imod at erlægge 1 Rdlr.

NN. Jeg veed, at Athenæum er paa Østergade Nr. 24, men jeg kjender ikke Noget til det.

A. Og Studenterforeningen?

NN. For to Aar siden blev der opført en rummelig og smuk Bygning til »Studenterforening«; den er ved Gammelholm, ikke langt fra Holmens Kirke.

B. Er Holmens Kirke ikke det samme som Marinens Kirke?

NN. Jo, Herre.

B. Den samme danske Herre, som jeg skylder en behagelig Middagstime for et Par Dage

room is open 8 or 10 hours daily, but it is not allowed to carry the books out of the room.

B. Do you know anything about the Athenæum, a reading-room supplied with most European newspapers and pamphlets, where each member has the privilege of introducing a stranger for 8 days, after which time he can take a monthly ticket for a dollar. (2 s. 3 d.)

NN. I know the Athenæum is 24 Østergade, but I don't know anything about it.

A. And the Student's club?

NN. A large and handsome building has been erected two years ago for the Student's club, it is situate on Gammelholm, not far from the Holm's church.

B. The Holm's church is the Sailor's church, I think.

NN. Yes, Sir.

B. The same Danish gentleman, to whom I am indebted for an interesting dinner-hour a

siden, spurgte mig, efter at have fortalt Anekdoten om »Djævlen og Vinden«: Har De aldrig hørt en dæmpet Lyd, som De ikke kunde gjöre Rede for, naar De er gaaet forbi Holmens Kirke? Ah, maaskee De ikke veed, hvor De skal finde den Kirke. Jeg vil imidlertid fortælle Dem, at denne Lyd kommer fra den berömte Admiral Peter Tordenskjolds Ligkiste; denne Mand fik en altfor tidlig Død, thi kun 29 Aar gammel faldt han for en svensk Optrækkers Kaarde. Det var en vis Oberst Stahl, som han havde gjennempryglet tilgavns efterat denne Fyr havde narret og bedraget en ung dansk Mand. Tordenskjold ligger begraven i Ligkapellet, der hører til Kirken, og naar Danmark er i Krig eller truet med Krig, saa banker han uafladelig paa den Side af Ligkisten, der vender ud imod Kanalen og forlanger at komme ud, for at han kan slaae Fjenden.

A. Det er da ikke at

few days ago, after having told the anecdote of the Devil and the Wind asked me: Did you never hear some low sounds not to be accounted for, when you have passed the sailor's church? Ah, perhaps you don't know where to find the church. Well, but I will tell you that those sounds proceed from the coffin of the illustrious Admiral Peter Tordenskjold, who met with an untimely death, when only 29 years old, from the rapier of a Swedish sharper, a certain Colonel Stahl, on whom he inflicted a sound thrashing for cheating a young Dane. Tordenskjold is buried in the vaults attached to the church, and when Denmark is at war or on the eve of war, he continually knocks at the side of his coffin nearest to the canal, clamouring to be let out, that he may fight the enemy.

A. No wonder if he

undres over, om han har været meget urolig i det svundne Aar, kjære Ven!

B. Og heller ikke at undres over, om han for Øjeblikket er urolig.

A. Sig mig, Hr. NN, er det tilladt at gjøre sig bekjendt med de veldædige Stiftelser og Hospitaler? En engelsk Læge har beskrevet Communehospitalet som et Mønsterhospital.

NN. Og det tør jeg nok sige, det er. Dersom De ønsker Adgang, mine Herrer, da vil De let kunne opnaae en saadan, saavel for Dem selv som for Deres Venner.

A. Det ville vi inderlig gjerne. Dernæst ønske vi at kjende nogle Forlæggere, Boghandlere og Papirhandlere; men giv os blot faa Navne.

NN. Og Navne paa höjt ansete Forretningshuse kan jeg tænke.

A. Det er en Selvfølge. Vi have faaet Dhrr. Reitzels Navn, hvor er deres Boglade?

NN. Nr. 7 i Løvstræde,

has been very restless in the past year, my dear friend.

B. And no wonder if he is very restless at the present moment.

A. Pray, Mr. NN, shall we be allowed to visit the charitable institutions and the hospitals? An English medical man describes the Commune-Hospital as a model hospital.

NN. And so it is, I dare say. If you apply for admittance, gentlemen, you will easily get one both for yourself and for some friends.

A. Then we shall be happy to do so. We wish also to know the establishments of some publishers, booksellers and stationers; but pray, some few names only.

NN. And highly respectable establishments, I presume.

A. Of course! We have got the name of Messrs. Reitzel, where is their shop?

NN. No 7 in Løv-

en Gade, der er ligeoverfor den kongelige Porcelainsfabrik paa Kjøbmagergade, hvor De kjøbte de mange Biscuit Afbildninger af Thorvaldsens Værker.

A. Prægtige Ting kjøbte vi der. Kunne vi finde nogen Boghandler eller Papirhandler, der driver en større Forretning med Kort og Kobberstik?

NN. Ja, Herre! Boghandler Steen, Kronprindsensgade Nr. 8, vil kunne forsyne Dem med fortrinlige Kort, og Kobberstik findes i mangfoldige Udsalgssteder. Nogle af de bedste vil De faae i Hr. Bings Kunsthandel, skraas over for Hr. Steen.

A. Vi ville gjerne kjende en Musikhandler, og De er derfor nok saa god at nævne os en hæderlig kjendt Forretning.

NN. Dhrr. Lose og Delbanco, Gothersgade Nr. 11, er et vel anseet Firma.

A. Jeg takker. Hvor er Bianco Lunos Bogtrykkeri? Dette Eta-

stræde, a street opposite the Royal China Manufactory in Kjøbmagergade, where you have bought a number of China figures of the works of Thorvaldsen.

A. Charming things we have bought there. Can we find a bookseller or stationer carrying on a larger business in maps and engravings?

NN. Yes, Sir! Mr. Steen, No. 8 in Kronprindsensgade (Prince Royal St.) will provide you with excellent maps, and engravings of all sorts are to be found in a number of shops. Some of the best you will find in Mr. Bings establishment, nearly opposite to Mr. Steen.

A. We want to know the name of a music-dealer; give us the name of a well-known establishment, please.

NN. Mr. Lose & Delbanco, 11 Gothersgade, is a highly respected firm.

A. Much obliged to you. Where is the printing-office of Bianco

blissement er højlig anbefalet til os, ikke alene for den smukke Udførelse af Arbejder, men ogsaa for Punktlighed, og vi ere tilsinds at gaae derhen for at træffe Aftale om noget Trykarbeide.

NN. Bogtrykkeriet er Østergade Nr. 20.

A. Endnu vil de være saa god at nævne os nogle Theatre og offentlige Forlystelsessteder; vi kjende kun det Kongelige Theater paa Kongens Nytorv.

NN. Der er Casino i Amaliegade Nr. 10, Folketheatret, Nörregade Nr. 39, Hoftheatret tilvenstre for den rummelige Ridebane ved Christiansborg Slot, og Tivoli, et Sommerforlystelsessted paa Vesterbro, ligeoverfor Banegaarden, umiddelbar efter at man er kommen over Vindebroen.

A. Vi forulempe Dem isandhed meget med vore Spørgsmaal, Hr. NN, men nu er De snart færdig med os. Cabs eller Droscher, som man her kalder dem, ere ialmindelighed rum-

Luno, pray? That establishment is highly recommended to us, not only for excellent workmanship but also for punctuality, and we intend to call there and make some arrangements for printing.

NN. The office is Nr. 20, Østergade.

A. Give us if you please the names of some theatres and public places of amusement; we only know the Royal Theatre on Kongens Nytorv.

NN. The Casino is 10 Amaliegade, Folketheatret 39 Nörregade, the Court Theatre on the left of the spacious riding-ground of Christiansborg Palace, and the Tivoli, a summer place of amusement, on Vesterbro opposite the railway station, immediately after passing over the drawbridge.

A. Upon my word, we are very troublesome with our questions Mr. NN, but you will soon have done with us. The cabs or Droshkies as you call them, are gen-

melige og rene, om end ikke hurtige; vi have prøvet dem fra flere forskjellige Holdepladse. Hvad er Taxten fra et Sted i Byen til et andet?

NN. To Mark, min Herre! omtrent 9 d.

A. Og timeviis?

NN. Fire Mark (1 s. 6 d).

A. Jeg formoder, at hver Kudsk har en trykt Taxt?

NN. Ja, og dersom det bliver forlangt, maa han vise den frem.

A. Sig mig, Hr. NN, om den saare vakre Spadserevej langs med Havet, der hedder «Lange Linie« er den eneste betydelige Spadseregang i Kjøbenhavn og dens umiddelbare Nærhed?

NN. Ingenlunde. Voldene og især deleshed Kastelsvoldene med den fortrinlige Udsigt, frembyde en smuk og interessant Promenade. Saa er der Grønningen, der strækker sig fra Østerport til Toldboden; den er vakker saavelsom den nye Spadseregang paa St. Annæ

erally spacious and clean, if not quick, we have tried them from several cabstands. What is the fare from one part of the town to another?

NN. Two marks, Sir, about 9 d.

A. And by the hour?

NN. Four marks. (1 s. 6 d.)

A. Every driver is provided with a printed faretable, I suppose.

NN. Yes, Sir, and he must produce it when required.

A. Tell me, Mr. NN, if that most delightful walk, along the sea, the Long Line, is the only remarkable promenade in Copenhagen and the immediate vicinity?

NN. Not at all. The Ramparts and above all the Citadel Ramparts with their splendid view afford a beautiful and interesting walk. Then the Esplanade extending from the East Gate to the Custom House is very pleasant, as well as the new promenade on St. Anne's

Plads, fra Bredgade til Havnen. Desuden have vi Rosenborg Have, og Stierne, saaledes kaldes Bredderne langs de tre Søer. Almuen kalder dem Kjærlighedsstien, Ægteskabsstien og Skilsmissestien.

A. Og nu mit sidste Spørgsmaal med min bedste Tak, Hr. NN. Kasernerne, det kongelige Tøjhuus, Skibsværfterne og Dokken vide vi Besked med. Vi vide ogsaa, at Kjøbenhavn fra SV. til SO. er omgiven af Volde og Grave og forsvaret af 24 Bastioner foruden Ydreværker, og imod Syd af det stærke Citadel Frederikshavn; men hvad hedder de stærke Batterier, der beherske Indløbet til Havnen?

NN. Der er Sictus og Trekroner (de tre Kroner) der have Hentydning til Skandinavien, en Forbindelse af Danmark, Norge og Sverrig.
Ja, et Skandinavien!

Place reaching from Bredgade to the port. Besides we have Rosenborg Garden and the Paths; these are the banks along the three lakes. Common people call them the paths of love, marriage and divorce.

A. And now my last question with my best thanks, Mr. NN. The Barracks, the Royal Arsenal, the Shipyards and the Dockyard, we know about. We also know that Copenhagen from the SW. to the SE. is enclosed by ramparts and moats, and defended by 24 bastions, besides outworks, and towards the sea by the strong citadel of Frederikshavn; but what are the names of the powerful batteries commanding the entrance to the harbour.

NN. There is the Sextus and Trekroner (the three Crowns); in allusion to Scandinavia: the union of Denmark, Norway and Sweden.
Scandinavia! Allright.

Proverbial Dialogues.
Ordsproglige Samtaler.

A. Ih se, god Dag! Det er uventet at møde Dem her. Er De kommen med Banetoget eller tilhest?

B. Jeg foretrækker Apostlernes Heste, (the Apostles' horses) som De veed.

A. Saa undgaaer De at blive Græsrytter, (ride in the grass.)

B. Tilvisse, og at støde sammen med langfingrede Rejsende (people with long fingers.)

A. Veed De, at min Broder har kjøbt sig en Landejendom?

B. Og sandsynligviis brændt sig (burnt himself) ved den Handel.

A. Ingenlunde! Han har tvertimod skudt Papagöjen (killed the parrot). Som De veed, har han altid været i vor rige Onkels Kridthuus. (house of chalk).

B. Sandsynligviis fordi han forstaaer at trykke Almanakker. (print almanacs.)

A. De dömmer haardt!

A. Good morning, good morning! How unexpected to meet you! Did you come by the train or on horseback?

B. I am fond of walking, (prefer the Apostles' horses) you know.

A. Well, then you will never be unhorsed.

B. Certainly not, and avoid pick-pockets. (thieves).

A. Do you know, that my brother has bought an estate?

B. And probably burnt his fingers by the bargain.

A. Not at all, he has been very lucky. You know, he has always been the favourite of our rich uncle.

B. Probably because he tells a good story.

A. You are a very severe

Nej fordi han har en poetisk Aare (a poetical vein) og Poesi er Onkels Kæphest (hobby horse); desuden kiger han aldrig for dybt i Glasset (never looks too deeply into his glass) og er ikke nogen Steensliber. (polisher of the pavement, stone-polisher.)

B. De slaaer nok to Fluer med eet Smæk, (two flies with one stroke) thi dette er da til mig og min Fætter.

A. Der er flere brogede Höns end Præstens. (more spotted fowls than the parsons.)

B. Ja, seer De, jeg finder min Regning (find my account) ved at lade Fem være lige (to allow 5 to be an equal number) og slaae Ubehageligheder i Glemmebogen (the book of oblivion.)

A. Saa mange Hoveder, saa mange Sind.

B. Altsaa, da Deres Hr. Broder har forstaaet at gjöre sine Hoser grönne (to put green stockings on) hos den rige Onkel . . .

judge. No, because he has some talent for poetry, and my uncle is fond of poetry. Besides, he never takes a drop too much, and is no saunterer.

B. Ah! You kill two birds with one stone, I see; for this is to me and my cousin.

A. There are more maids than Mary and more men than Michael.

B. I tell you that I have made up my mind to care for nothing, and consign all troubles to oblivion.

A. Many men, many minds.

B. Well, as your brother understands how to curry favour with his rich uncle . . .

A. Saa har Onkel, der veed, at for Ord kjøber man ingen Herregaard (manor-house) og at Borg skaffer Sorg (to borrow gives sorrow) indvilliget i at være hans Selvskyldner, og desuden foræret ham to smukke Heste, ikke at tale om en stor Sum i rede Penge.

B. Naa, det maa man sige, der flyve stegte Duer i Munden paa ham. (roasted pigeons fly into his mouth).

A. Dernæst er min Broder falden paa at gifte sig.

B. Og gifter sig naturligviis Penge til?

A. Han ægter en Dame, han har holdt af i mange Aar; det er Frøken C., Dr. D.'s rige Myndling. Dr. D. er hans tidligste Barndomsven.

B. Jeg er nærved at tabe baade Næse og Mund.(lose my nose and my mouth). Og De?

A. Frænde er ikke altid Frænde værst.

B. Men Bladet har jo vendt sig aldeles.

A. Jeg veed ikke hvad De mener.

A. Then my uncle, who knows well, that fair words butter no parsnips, and that he that goes borrowing, goes sorrowing, has agreed to be his guarantee; and besides he has presented him with two fine horses, to say nothing about a large sum of ready money.

B. Indeed! He has not the least trouble in this world.

A. My brother also has taken it into his head to marry.

B. And he marries a fortune, I dare say.

A. He is to be married to a young lady, dear to him for years, to Miss C., the rich ward of Doctor D., a friend of his earliest childhood.

B. I am astonished, indeed! And you?

A. Relations are not always jealous of each other.

B. But there is the reverse to the page, I find.

A. I don't know what you mean.

B. O, De forstaaer mig nok! Men De trøster Dem vel med Ordsproget: **ingen Roser uden Torn, uden Avner intet Korn** (no rose without thorns, without straw no corn).

A. Isandhed, jeg kan ikke løse Deres Gaader.

B. Saa maa jeg tage **Bladet fra Munden** (take the leaf away from the mouth). Man taler jo saa smaat om, at den unge Dame med sin Moders Formue har arvet hendes Talent til at **snakke op ad Vægge, ned ad Stolper.** (up along the walls, down the beams).

A. De tager aldeles fejl; hun er meget livlig, men **Alvor og Gammen kan godt gaae sammen.**

B. **Gammel Kjærlighed brister ikke;** det overbeviser en vis Mand (a certain man) i dette Øjeblik mig om. Det veed jeg da, at De aldrig har været en **Tørvetriller.** (turf-trampler).

A. Min Broder isandhed heller ikke.

B. Tilvisse nej! Men da han unægtelig har

B. I am sure, you understand me! But you know the proverbial expression, that difficulties and troubles are to be found everywhere.

A. Indeed, I d'ont know how to solve your riddles.

B. Then I must speak out. It is whispered, that the young lady is the inheritor not only of her mother's large fortune, but also of her talent for talking nonsense.

A. You are in error, quite wrong! She is very lively, but a happy mind can be a very serious mind.

B. Old love will always peep out; a certain person told me that just now. What I know besides is, that you have never been a tedious, narrow-minded person.

A. And neither was my brother ever so.

B. Certainly not. But as he is no chicken, with-

traadt sine Börnesko (put aside his baby shoes) sandsynligviis er i bundløs Gjæld (bottomless debt) fordi han altid har holdt af at leve paa en stor Fod (a large foot) og ingenlunde er tabt bag af en Vogn (lost behind from a carriage) saa — egen Arne er Guld værd! out doubt deeply in debt, as he always was fond of living in style, and as he is acknowledged to be a clever person, then after all, your own home is worth gold.

A. Jeg tör nok sige, han vil blive tilfreds.

B. Det er da heller ingen Kunst at dandse, naar Lykken er Spillemand.

A. Nu troer jeg at kunne give Dem Lige for Lige.

B. Gjör Dem ingen Ulejlighed; jeg er og bliver en Kurvesamler (a basket gatherer) veed De. Sig mig heller hvor de Nygifte ville tilbringe Hvedebrødsdagene (the days of white bread).

A. De have isinde at rejse udenlands.

A. He will be very happy, I dare say.

B. To be sure, he dances well to whom fortune plays the piper.

A. I think I can pay you back in your own coin.

B. Never mind. I have been, as you know, rejected several times, and so I always shall be. But I should like to know, where the new-married folks will spend their honey-moon.

A. They intend to go abroad.

C. Hvorfor bliver Du i Byen, naar Dine Venner tage i Skoven?

C. Why do you stay at home when your friends have a pick-nick?

D. Nød bryder alle Love.
C. Du holder mere af Dine Bøger end af Adspredelser, troer jeg.
D. Vanen er den anden Natur.
C. Min Broder har ogsaa sine Studier at passe, og han finder dog Tid til en lille Udflugt imellem.
D. Man kan ikke maale Enhver med den samme Alen.
C. Troer Du, at han vil komme godt igjennem?
D. Vorherre er Daarens Formynder.
C. Stakkels Broder! Hans Forventninger ere store.
D. Vente og haabe gjör Mangen til Taabe.
C. Han er saa glad i Livet, kjender ikke Skuffelser.
D. Var ej Ave, gik Verden af Lave.
C. Jeg troede, Du havde glemt Eders Uenighed sidste Vinter, men jeg er bange for, at jeg har taget fejl.
D. Gjemt er ikke glemt.

D. Necessity has no law.
C. You are more fond of your books than of amusements, I see.
D. Habit is second nature.
C. My brother also is a student, but still he knows how to find time to make a trip.
D. Every shoe fits not every foot.
C. Do you believe, he will succeed?
D. God Almighty is the guardian of fools.
C. My poor brother! His expectations are great.
D. Hoping and waiting makes a fool of many a one.
C. He is happy in life, unacquainted with deceptions.
D. Adversity is useful.
C. I hoped you had forgotten the squabbles of last winter, but I am afraid not.
D. Wrongs and troubles are not forgotten, if even borne secretly.

C. Hvor kan Du nære Uvilje imod ham?

D. Kom ihu, gamle Adam lever endnu.

C. Du veed dog, at han er Din Ven, om end hans Adfærd var lidt forunderlig.

D. Ild prøver Guld, Nød Vennehuld.

C. Desuden er han nødt til at være sparsommelig.

D. Ja, han sparer paa Skillingen og lader Daleren gaae.

C. Eders Meningsforskjellighed var dog ikke en Times Uvenskab værd.

D. Liden Tue vælter ofte stort Læs.

C. Og Du, Du falder ogsaa altid med Dören ind i Huset.

D. Hver Fugl synger med sit Næb.

C. Sig mig nu blot, hvorfor Din Ven, Tvistens Æble, har saa faa Venner.

D. Pengeløs er venneløs.

C. Er han da virkelig saa fattig? Det er grueligt!

D. Fattig Ære er god at bære.

C. How can you have a grudge against him?

D. Remember, the old Adam is still alive.

C. You know, he is your friend, if his behaviour has even been odd.

D. Gold is tried in fire, friends by misfortune.

C. Besides, he is obliged to be economical.

D. Yes, he is penny wise and pound foolish.

C. Your difference of opinion was not worth the loss of one hour's friendship.

D. Little strokes fell great oaks.

C. And you, you are very abrupt in words and manners.

D. Every bird sings with his own beak.

C. Tell me, please, why your friend, our apple of discord, has very few friends.

D. No money, no friends.

C. Then is he really very poor? It is dreadful!

D. Honourable poverty is no disgrace.

11

C. Ham besøger Du tidt; det er smukt af Dig. Men deraf seer man, at Du dog nok kan finde Tid.

D. God Vilje trækker godt Læs.

C. Hvor kan det være gaaet saaledes tilbage for Familien. Faderen var jo en rig og höjtstaaende Mand.

D. Man er aldrig saa höjt paa Straa, at Ulykken jo tör banke paa.

C. Du har Ret. Man skulde ellers ikke troe, at han er saa haardtprøvet, thi han lader til at være tilfreds.

D. Tie og lide stiller mangen Kvide.

C. Men hans Søstre da?

D. De gjöre gode Miner til slet Spil.

C. Den Ældste tager sig vist ikke Sagen videre nær; hun seer ud som om hun slaaer Alt hen i Vind og Vejr.

D. Det stille Vand har den dybe Grund.

C. Vil Du love mig

C. You often call on him, it is very kind of you. But this proves, that you can find time.

D. Where there is a will there is a way.

C. How does it happen, that the family is so very much reduced in circumstances. The father was a rich man and in an important situation.

D. One is never above the reach of misfortune.

C. Quite right! Nobody would suppose he had such trials, for he seems to be happy.

D. To suffer patiently softens grief.

C. But his sisters?

D. They put on a good face.

C. The eldest, I understand, does not care much about their circumstances; she appears to make light of every thing.

D. Still waters run deep.

C. Will you promise

at omgaaes min Broder igjen som i gamle Dage? me to keep on terms with my brother as in former days.

D. Loven er ærlig, men Holden besværlig.
D. To promise is one thing, to perform another.

C. Han er altid venlig imod Dig og forsvarer baade Dig og den omtalte Ven.
C. He is very kind to you and always defends his friends. (You and the named friend.)

D. Ja, han forstaaer at bære Kappen paa begge Skuldre.
D. Well, he knows how to wear two faces on one pair of shoulders.

C. Der er intet Udkomme med Dig, min gode Fætter! Farvel!
C. I don't know how to manage you, my dear cousin. Good bye.

E. Godmorgen, Hr. Syvsover! Man er da altid vis paa at finde Dem ved Frokosten Kl. 10½, og før den Tid neppe paaklædt.
E. Good morning, Mr. Dormouse! We can always reckon to find you at breakfast by half past ten, and before that hour to be scarcely dressed.

F. Intet Under, at De staaer tidlig op, thi De gaaer jo tilsengs med Hönsene. (go to bed at the same time as the fowls).
F. No wonder that you get up at an earlier hour, as you go to bed with the cocks and hens.

E. Ikke saa ganske! Jeg kommer ellers for at bede, om De vil give mig Ly indtil denne Byge er trukket over; som De seer, regner det Skomagerdrenge ned. (it rains shoemaker-boys).
F. Not always. Meanwhile I request you to give me shelter during this shower. As you see, it rains cats and dogs.

11*

F. Hjertensgjerne! men sig mig hvem den Dame er, De spadserede med igaar.

E. Jeg var i Selskab med to Damer da De mødte mig; hvilken af dem mener De?

F. Naturligviis ikke hende med Kirkegaardsblomsterne, (church-yard flowers) men den unge Dame. Det var en net Person.

E. Unægteligt! kun Skade, at hun er født paa en Lørdag (born on a Saturday, looks into two weeks.) Hun er iøvrigt forlovet med Ritmester D.

F. Hvorledes! Han seer jo ud som om han ikke vilde høre Gøgen kukke meer. (not again hear the cuckoo.)

E. Det er Broderen, der seer svagelig ud. Hendes Brudgom er sund og karsk. De kjender ham maaskee fra Klubben.

F. Ah! jeg mindes at have truffet ham der! Tager jeg ikke fejl, har han Grød i Hovedet. (to have porridge in the head.)

F. I am happy to shelter you; but pray, tell me, who is the lady you walked with yesterday?

E. I was in the company of two ladies, as you passed by, which of them do you mean?

F. Of course, not the lady with grey hair, but the young one. She is a pretty girl.

E. So she is; a pity only that she squints. Besides she is engaged to Captain D.

F. Indeed! he looks so very delicate, as if he would not live to see another summer.

E. It is his brother who looks delicate in health. Her betrothed is safe and sound. Perhaps you know him at the club.

F. Well, I remember to have met with him there. If I mistake not, he looks rather stupid.

A. Han omgaaes meget Lord D., troer jeg.

B. Hvorfor kommer vel Æsler til Hove? For at bære og trække de tunge Sække. (Donkeys are only allowed to enter the palace court-yard to carry away the heavy bags.) Jeg kjender den gode Lord.

A. Omgaaes De ham meget?

B. Kun lidet; af Skade bliver man klog.

A. Har De maaskee gjort ubehagelige Erfaringer?

B. Kun den, at naar man giver ham en Finger, vil han have hele Haanden (give him a finger and he will take the hand.)

A. Men saa kan De jo benytte ham igjen ved Lejlighed.

B. Tro ikke det! Gammel Fugl er ikke let at fange. De veed, at han er egenkærlig.

A. Og jeg veed, at han ikke er den Eneste, der har for Öje, at Enhver er sig selv nærmest.

A. He is an intimate friend of Lord D., I understand.

B. Don't you know, that grand people only permit the middle classes to familiar intercourse in the hope of making them useful. I know my Lord!

A. Are you much together?

B. Very little! a burnt child dreads the fire.

A. You have perhaps bought your experience.

B. Only this: give him an inch and he will take an ell.

A. But then you may claim his assistance, if opportunity presents itself.

B. Don't think so! Old birds are not caught with chaff. He is very selfish, you know.

A. And I know that he is not the only man who remembers, that charity begins at home.

B. Desværre! Vi krybe Alle til Vorherre, men løbe til Djævlen. (we creep to the Lord, but run to the Devil.)

A. Mon hans Haandskrift er bleven mere læselig i de sidste Aar? Det er den mærkeligste Skrift, jeg nogensinde har seet.

B. Jeg kjender den kun som Kragetæer. (crow's feet.)

A. Imidlertid er den ypperlig istand til at sætte et X for et V (ten instead of five.)

B. Ah, jeg forstaaer Dem. De har dog altid en Ræv bag Øret. (a fox behind the ear.)

A. Nu er det Opholdsvejr og derfor, Farvel!

B. Har De saa travlt? Madam Bruun kommer strax, og det vil glæde mig, om De vil drikke en Kop Kaffe med mig. (Mrs. Brown — the coffee-pot.)

A. Jeg takker meget, men beder kun om et Glas Vand.

B. Deri gjenkjender

B. Alas! We all of us are more ready to do evil than good.

A. I wonder, if his hand-writing is more legible than formerly. I never saw a more peculiar hand in my life.

B. I only know it as a scrawl.

A. However it is bad enough to deceive any one with.

B. Ah, I understand. You are very sly.

A. Now the rain has ceased and I must bid you good bye!

B. Are you so very busy? Mrs. Brown will soon be in, and I shall be happy if you will take a cup of coffee with me.

A. I am much obliged to you, but I shall only ask for a glass of water.

B. I know your passion

jeg Deres Kjærlighed til Gaaseviin (goose-wine). Det er en Kjærlighed, der ikke tager paa Pungen.

A. Tilvisse ikke! men saa har jeg desværre mange andre Smaafornødenheder, der tære paa den, og mange Bække smaa gjöre en stor Aa.

B. Man maa dog virkelig lee ved at høre en ung Mand tale om Sparsommelighed.

A. Den som leer sidst, leer bedst.

B. De har Ret, uimodstridelig Ret! men, ikke sandt, lidt Gjæld, ganske lidt, kan man da nok bære paa.

A. Glem ikke, at liden Byrde er langvejs tung.

B. Men glem saa heller ikke, at det hedder: de Gamle til Raad, de Unge til Daad. Vi ere endnu unge og have et langt Liv for os.

A. Et langt Liv! Hvo veed? Idag rød, imorgen død.

B. Jeg kunde næsten sige »gid De sad paa

for Adams' ale. It is a love which costs no money.

A. Certainly not! but alas! I have many small claims on my purse, and many a little makes a mickle (many rivulets make a river).

B. One feels inclined to laugh on hearing a young man preach economy.

B. Who laughs last laughs longest.

B. You are right, quite right; but a small debt, a very little one, is not difficult to go on with.

A. Don't forget, that a small weight becomes heavy in time.

B. But also remember, that we must take advice of old people and employ young people to act. We are young and may expect a long life.

A. A long life! Who knows? Well to-day, dead to-morrow.

B. I should rather like to say: I wish you were

Bloksbjerg med Deres Bemærkninger. De faaer mig til at blive alvorlig. (be on the Bloksbjerg or Brocken, the highest of the Harz mountains.)

A. Bedre dette end om jeg skulde prædike for døve Øren.

B. Jeg holder paa min Mening, at Ungdommen skal leve i Lykkens Skød.

A. Og jeg er saa ked af det, Verden kalder »Lykkens Skød« som Kat af Senop (as a cat is afraid of mustard). Men derfor ere vi da lige gode Venner. Farvel!

B. Farvel, farvel! Kom snart igjen!

at Jericho (far away) with your remarks. You make me too serious.

A. Better so than if I had to preach to the wind (deaf ears.)

B. I adhere to my opinion, that young people should live in the lap of fortune.

A. And I am heartily sick of what the world considers the lap of fortune. But never mind; we still are and will be friends. Good bye.

B. Good bye, good bye! Come again soon.

Williams (T. S.) **Modern German and English Conversations** and Elementary Phrases, the German revised and corrected by A. Kokemueller. 21st enlarged and improved Edition. 12mo. cloth   3s 6d

Williams (T. S.) and C. Cruse. **German and English Commercial** Correspondence. A Collection of Modern Mercantile Letters in German and English, with their Translation on opposite pages   2nd Edition. 12mo. cloth   4s 6d

Apel (H.) **German Prose Stories for Beginners** (including Lessing's Prose Fables), with an interlinear Translation in the natural order of Construction. 2nd edition. 12mo. cloth   2s 6d

——— **German Prose.** A Collection of the best Specimens of German Prose, chiefly from Modern Authors. A Handbook for Schools and Families. 500 pp. Crown 8vo. cloth   3s

German Classics for English Schools, with Notes and Vocabulary. Crown 8vo. cloth.

Schiller's Lied von der Glocke (The Song of the Bell), and other Poems and Ballads, by M. Förster   2s
——— Minor Poems. By Arthur P. Vernon   2s
——— Maria Stuart, by Moritz Förster   2s 6d
Goethe's Hermann und Dorothea, by M. Förster   2s 6d
——— Iphigenie auf Tauris. With Notes by H. Attwell.   2s
——— Egmont. By H. Apel   2s 6d
Lessing's Minna von Barnhelm, by Schmidt   2s 6d
——— Emilia Galotti. By G. Hein   2s
Chamisso's Peter Schlemihl, by M. Förster   2s
Andersen (H. C.) Bilderbuch ohne Bilder, by Beck   2s
Nieritz. Die Waise, a Tale, by Otte   2s
Hauff's Mærchen. A Selection, by A. Hoare   3s 6d

Carové (J. W.) Mæhrchen ohne Ende (The Story without an End). 12mo. cloth   2s
Fouqué's Undine, Sintram, Aslauga's Ritter, die beiden Hauptleute. 4 vols. in 1. 8vo. cloth   7s 6d
  Undine. 1s 6d; cloth, 2s.   Aslauga. 1s 6d; cloth, 2s
  Sintram. 2s 6d; cloth, 3s.   Hauptleute. 1s 6d; cloth, 2s

Lightning Source UK Ltd.
Milton Keynes UK
UKHW021132201020
371904UK00004B/352